De la Credință la Încredere

Descoperă-ți adevărata identitate

— ediția a III-a —

Natan Morar

NATAN MORAR

---

1. http://natanmorar.com

Cuprins

Prefață la ediția a II-a

După acești doi ani care au trecut de la prima publicare a acestei cărți, ceva din mine m-a împins să-i ofer o nouă șansă. Deși s-au schimbat multe în viața mea de la momentul scrierii acestei cărți, deși multe dintre idei acum poate le-aș exprima diferit, totuși cred că așa cum scrierea acestei cărți mi-a transformat ființa, m-a eliberat de multe dintre prejudecățile și îndoctrinările mele, aducându-mi un sentiment de libertate și bucurie, tot așa cred că vă va putea ajuta pe dumneavoastră, cititorul ei.

Nu doar calitatea vieții mele s-a schimbat în tot acest timp, ci și atitudinea mea cu privire la mesajul pe care ard de nerăbdare ca să îl transmit și a cărui rezultat este această carte pe care o țineți în mână. Prima ediție a fost publicată sub pseudonimul TAT – care în sanscrită înseamnă Acela de la sintagma „Tat tvam asi" care înseamnă „Tu ești acela". Am folosit acest pseudonim în încercarea de a direcționa atenția cititorilor către mesajul cărții, nu înspre persoana autorului. Am realizat însă, ca intențiile mele nu se limitau la acest lucru ci doream în special să nu atrag atenția asupra mea din cauza fricii de a mă afișa cu aceste idei care nu sunt departe de a fi catalogate drept erezie; sunt chiar acolo, aș putea spune. Am înțeles, totuși, că poziționarea mea confortabilă în spatele unui pseudonim fură din impactul mesajului, iar eu nu mai vreau ca asta să se întâmple. Așa că, iată-mă!

Ceea ce nu am menționat în prima ediție este că această carte mi-a fost literalmente dictată. Ea nu reprezintă un efort susținut de-al meu. Ea nu este rezultatul sintezei unei cercetări laborioase. Această carte, în cea mai mare parte, mi-a fost dictată de un eu mult mai înțelept decât aș fi putut fi eu la momentul scrierii. Majoritatea din lucrurile scrise au fost noi chiar și pentru mine la momentul scrierii. Multe dintre ele mi-au adus lacrimi de bucurie și mulțumire. De aceea, te rog din suflet, nu lua această carte ca fiind moralizatoare, deși unele lucruri vor putea fi interpretate așa. Îmi pare rău că nu se poate transmite tonul vocii în scris, dar mesajul transmis în această carte a venit din iubire, din dorința de mai mult și din dorința de a experimenta bucuriile și frumusețile vieții. Consideră că venit de la un frate mai mare care te iubește și vrea să fii fericit.

Natan Morar,
Arad, Romania,
28 Martie 2019

Prefață la prima ediție

Cu ce să încep? Ar fi foarte simplu dacă aș știi măcar ceea ce ar fi cel mai util să vă comunic... Poate aș putea găsi ceva să vă spun, poate o frază care să înglobeze toată această carte și să vă scutească de citirea ei. Dacă aș găsi-o poate ea ar suna ceva de genul: „Nu mai căutați încoace și încolo după fie-ce idee de salvare, iluminare, iertare, eliberare, dezvoltare - sau cum doriți dumneavoastră să numiți experiența de Nirvana sau de a ajunge în rai - pentru că ceea ce căutați este chiar aici." Ca să dezvolt puțin... oriunde v-ați duce, acel loc va fi tot un *aici* atunci când ajungeți. Oricând ați ajunge, acel moment va fi tot un *acum*. Pe oricine ați urmări sau asculta pe cale, cu alte cuvinte, orice ghid v-ați alege - fie el un om, zeitate sau carte - acel ghid va fi ales de către dumneavoastră. Deci, pentru orice fel de succes și, în aceeași măsură, eșec nu poate fi tras la răspundere nimeni altcineva decât dumneavoastră. Și dacă ați ales această carte nu pot decât să vă mulțumesc că îmi plătiți cheltuielile. Eu doar comunic un mesaj, un mesaj pe care l-am primit și eu la rândul meu. Nu am fost obligat să îl primesc, ci pur si simplu l-am primit. Îl comunic pentru că asta îmi aduce plăcere, asta îmi aduce bucurie, pentru că știu cum eram înainte să primesc acest mesaj - derutat, confuz, deprimat, lipsit de vlagă, supărat pe viață, petrecându-mi majoritatea timpului liber plângându-mi de milă sau încercând să uit de mine - și văd, simt cum sunt acum. Asta nu înseamnă că acum nu mai trec prin stări ca cele de mai sus, dar nu mai durează atât, pentru că îmi amintesc mesajul și apoi totul devine clar.

Așadar, nici eu nu vă pot obliga să luați această carte ca ghid. Eu doar vorbesc, cine ascultă, poate că îi va fi de folos, nu am de unde ști acest lucru. Nu vreau să vă promit dezvoltare spirituală. Nici nu ştiu ce înseamnă asta... un pic mai puţin ego?! Dacă dumneavoastră vă mulţumiţi cu puţinul e ok şi asta, însă nu ştiu dacă vă pot oferi acest lucru. Mesajul acestei cărţi tinde să descopere cititorului adevărata sa identitate. Fiecare cuvânt, frază, capitol, a fost pus aşa cum a fost pus având acest lucru ca scop final. Această descoperire se poate întâmpla oricând. Poate deja s-a întâmplat, poate se va întâmpla la pagina 33 sau la sfârşitul cărţii. Poate la 5 ani după ce aţi citit-o. Nu am de unde şti acest lucru şi nici nu vă pot promite că acest lucru se va întâmpla pentru că, în final, depinde şi de dumneavoastră, dacă sunteţi pregătiţi şi doriţi cu adevărat acest lucru. Aceleaşi cuvinte vor fi citite de oameni total diferiţi şi vor rezona într-un mod total diferit în fiecare dintre ei. Aceeaşi frază poate unuia să-i deschidă ochii, altuia să-i adâncească confuzia. Însă, într-un final cred că amândouă rezultatele servesc aceluiaşi scop de ne trezi din somnul adânc în care ne aflăm. Pentru că o confuzie moderată poate ţine o veşnicie, însă o confuzie exagerată are puterea de a ne trezi într-un timp foarte scurt. Şi puteţi înlocui cuvântul „confuzie" cu „durere", „supărare", „conflict", „neacceptare", sau orice altă stare negativă. Efectul e acelaşi. Un lucru dus la extrem se poate transforma într-o clipită în opusul său. Poate aceasta ar fi o altă frază cu care aş fi putut să încep.

Dar de ajuns cu atenţionările pentru un moment (credeţi-mă vor mai veni şi altele, chiar foarte curând), şi haideţi să trecem la prezentarea cărţii. Cartea aceasta, fiind scrisă de un român, se prea poate ca să lovească ţintit la unele din dramele, confuziile, neînţelegerile cu care dumneavoastră vă confruntaţi chiar acum. Aceasta, chiar din cauză că însuşi autorul s-a confruntat cu ele. Prima parte, intitulată *Spulberarea credinţei*, tinde la demontarea conceptelor - nu aş spune „greșite", ci mai degrabă - nefolositoare, sau chiar mai mult, care ne încurcă, ne complică viețile. S-a încercat ca această parte să nu aibă, pe cât se poate, un iz spiritual, ci să fie cât mai simplă, cât mai mireană. Asta nu înseamnă că nu se adresează spiritualului, sau că este lipsită de profunzime. Din contră, arată că domeniul spiritual nu este ceva cu totul diferit de ceea ce știm, de tangibil, și că distincția între spiritual și intelectual (sau rațional) nu are niciun alt sens decât acela de a ne da impresia că nu putem înțelege sacrul, sau de a purta dispute de genul „care dintre dimensiuni este superioară".

Pentru că suntem un popor declarat creștin (cel puțin 92% din populație se identifică cu una din religiile creștine) și pentru că însuși autorul a primit o învățătură creștină de mic, partea a doua revizitează înțelepciunea biblică și o interpretează cu alți ochi, mai puțin împovărați de conceptele și ideile adoptate de-a lungul vieții. Această parte este intitulată *Către încredere* și, împreună cu partea întâi, formează un tot unitar cu rolul de a duce cititorul - cum, de altfel, se poate intui și din titlul cărții - de la o credință nefondată, adoptată la o încredere adevărată, experimentată. În această parte se folosește un limbaj familiar creștinului, iar dumneavoastră poate vă veți întreba de ce nu am început cu această parte. De ce am decis să încep cu ceva atât de străin identității noastre? Deoarece, pentru a înțelege pe deplin ceva ce a stat sub nasul nostru de sute ani și care a primit o interpretare superficială, acel lucru trebuie mai întâi uitat. Trebuie mai întâi să învățăm să ne punem semne de întrebare, să învățăm să investigăm lucrurile pe cont propriu și să nu le luăm de-a gata. Și la acest lucru mă aștept de la dumneavoastră când citiți această carte; adică investigați ceea ce citiți, luptați să descoperiți pe cont propriu adevărul către care arată cele scrise.

Textele citate din Biblie sunt din traducerea Dumitru Cornilescu (VDC). Am ales să folosesc această traducere din două motive. Primul este mai mult întâmplător: întâmplarea face că aceasta a fost Biblia pe care o aveam la îndemână la momentul scrierii cărții. Al doilea: pe parcursul investigării textelor biblice, am consultat mai multe traduceri (printre care: Novum Testamentum Graece (NA), Biblia Sacra Vulgara (VULGATE), King James (KJV), Cornilescu (VDC), Noua Traducere (NTLR)). Mi s-a părut că versiunea Cornilescu menține esența textelor, iar limbajul nu este atât de arhaic încât să nu poată fi înțeles de românul secolului 21. Cu toate acestea, se prea poate că am fost puțin părtinitor, înclinând spre folosirea acestei traduceri din cauza familiarității mele cu ea. Poate vă veți întreba de ce nu am folosit vreo ediție sinodală a Bibliei și aveți rezerve față de traducerile care nu poatră binecuvântarea Sfântului Sinod al Bisericii Ortodoxe Române. Într-adevăr unele dintre versiuni (cum este și cazul versiunii VDC) nu conțin toate cărțile Vechiului Testament incluse in traducerile cultului ortodox, din motive care mie nu îmi sunt clare. Însă, Noul Testament, din care sunt extrase toate citatele folosite în această carte, este - aș putea spune - integral, diferențele stând doar în exprimările folosite. Cărțile și numerele versetelor sunt în corespondență directă. Nefamiliaritatea cu versiunea textului Biblic folosit poate chiar să fie prielnică cititorului, deoarece îl ia oarecum pe nepregătite. Adică are oportunitatea de a-l vedea cu ochi noi, eliberați de povara vechilor interpretări. Nu încerc să vă conving că este cea mai bună traducere. Din contră, chiar vă îndemn să studiați alternative.

TAT,
Birmingham, Regatul Unit,
4 Iulie 2017

PARTEA I - *Spulberarea credinței*

CAPITOLUL 1
La ce să vă așteptați

Înainte de toate

Nu există niciun adevăr măreț. Nu există nicio bucată de informație care, atunci când este dobândită, dezvăluie adevărata funcționare a universului și revelează sensul sau scopul vieții. Natura realității este în mod constant disponibilă simțurilor noaste, dar fiind foarte ocupați cu una-alta a cotidianului, trecem cu vederea evidența acestui fapt. Este foarte simplu să vezi realitatea a ceea ce ești, acest lucru nu necesită niciun fel de pregătire specială. De fapt, o vezi mereu dar alegi să o ignori. Aceasta, poate din cauză că așa ai fost învățat, fiind în mod sistematic și repetat distras de la prezența acestui fapt și încurajat, sau mai bine zis, constrâns să acorzi atenție în exclusivitate lumii exterioare. Oricum, nu contează foarte mult. Cunoștința posibilelor cauze ar putea fi de folos unui psiholog sau cercetător, însă acest lucru nu-ți va servi în mod neapărat.

Adevărul despre viață *este*. Nu este o bucată de informație și deși ai putea încerca să-l descrii, vei eșua negreșit. Nu este o stare de omisciență în care totul este revelat, chiar dacă aceasta poate fi senzația primită ascultând oameni care vorbesc despre el. Nimeni nu îl poate împărtăși, nimeni nu te poate ajuta să-l obții, munca din greu nu-l va desăvârși. Nu este nimic de obținut sau de făcut. Adevărul despre viață *este*. Realitatea *este*. Este *acum* și este ceea ce *ești*.

Singurul mod în care îl poți cunoaște cu adevărat este să abandonezi orice încercare de a-l înțelege în mod mental, intelectual. Înțelegerea mentală, sau intelectuală, funcționează în așa fel încât, orice cunoștință noua poate fi asimilată doar pe un fundament de cunoștințe vechi, deja formate. Așadar, orice cunoștințe asimilate în acest mod vor fi pur conceptuale, pur teoretice, şi pe o bază deja putredă. Trebuie să o luăm de la început. Conceptele, cuvintele, gândurile, nu au nimic de a face cu Realitatea, cu excepţia că permit propagarea unui mesaj ca acesta. Adevărul despre ceea ce este, este. Nu necesită nicio descriere. Mai mult, orice fel de descriere, oricât de plină de tact, dacă te vei concentra doar asupra cuvintelor, te va îndepărta de adevăr. Chiar şi citind acest lucru te poate îndepărta, însă iată-mă scriind aceste cuvinte în speranţa că atunci când te vei opri din citit, atenţia ta va cădea asupra atemporalului adevăr.

Dacă înţelegi aceasta cu adevărat, nu trebuie să citeşti mai departe.

O atenționare

Nu susțin că sunt în posesia adevărului. Mi-aș pune semne de întrebare cu privire la oricine ar spune acest lucru. Adevărul este. Nu poate fi obiectul unei posesii. Este disponibil în mod egal oricui îl caută cu ardoare. Nu-mi doresc să țin predici sau prelegeri, chiar dacă unele lucruri pe care le voi spune pot fi interpretate în acest fel. Sunt conștient de limitele mele ca om și mai ales ca scriitor. Sunt perfect conștient că nimic din ce oricine ar putea spune nu se poate nici măcar apropia de realitatea a ceea ce este. De aceea vă rog, nu mă luați prea în serios. Cuvintele mele țintesc la îndepărtarea vălului de minciuni, astfel încât să puteți vedea clar, cu ochi limpezi, nu prin prisma ideilor altor oameni. Cu toții, fără excepție ne-am lăsat influențați într-o oarecare măsură de alți oameni, de convingeri exterioare, evenimente, etc. Afirmațiile pe care le fac nu sunt menite pentru a fi recitate ca argumente în discuțiile sau neînțelegerile pe care le aveți cu alții. Nici nu stau să justifice acțiunile dumneavoastră, de orice natură ar fi ele. Nu recomand munca de misionar în general, mai ales în numele meu sau în numele acestei cărți. Dumneavoastră folosiți-vă de această carte, iar dacă găsiți că vă este de folos recomandați-o și altora, dar nu insistați. Nu toată lumea este pregătită sau vrea să le fie provocate convingerile, nici nu sunt de părere că ar trebui să se întâmple acest lucru.

Această lectură are ca scop descoperirea, nu învățarea. De aceea, nu vă voi preda nimic, ci voi încerca să vă îndemn să cercetați modul în care percepeți realitatea, realitatea personală. Conținutul acestei cărți nu are nicio valoare în sine, valoare fiind dată de bunăvoința și sinceritatea cu care veți aborda dumneavoastră cercetarea încurajată, problemele puse în rândurile care urmează.

Nu vă păcăliți singuri! Creând o metodologie sau un set de reguli sau principii din ceea ce este prezentat în această carte, vă furați singuri căciula. Totuși, este ușor a confunda faptul că ați memorat ceva cu însăși cunoașterea intimă a acelui ceva, dar nu vă faceți griji. Odată ce ați văzut diferența, nu veți mai putea fi induși în eroare. Uneori veți putea afla răspunzând sincer la întrebarea: „Este adevărat pentru mine acest lucru sau este doar o opinie, un lucru învățat?”

Folosiți-vă în mod înțelept de această carte. Sugerez să o citiți încet și să luați pauze frecvente. Repet, nu informația este cheia. Creierul dumneavoastră va lucra chiar și atunci când nu sunteți angajați în mod activ în citire sau în dezbaterea unei idei anume. Probabil vă va fi de folos să treceți prin unele întrebări prezentate pe o foaie de hârtie sau pe un carnețel, în scris fiindu-vă mai ușor să păstrați un fir logic și astfel să evitați să mergeți în cercuri.

Pentru a beneficia în totalitate

Această carte nu are scopul de a vă învăța lucruri noi. Ba chiar, multe lucruri pe care le veți citi în ceea ce urmează le-ați mai auzit până acum. Ceea ce le aseamănă, însă, este faptul că ați ales în mod sistematic să le ignorați. Sau, în cel mai bun caz, le-ați memorat, le-ți pus în buzunar, gata să fie scoase în acele momente-clișeu. Sau, mai rău, puse într-un citat postat pe rețelele de socializare pentru a arăta lumii cât de profunzi sunteți de fapt. Nu este în intenția mea de a devaloriza clișeele, pentru că multe dintre au o oarecare bază în realitate, iar rezistența lor în timp demonstrează, într-un fel, acest lucru. Motivul pentru care unele afirmații devin clișee este faptul că ele ajung a fi recitate de oameni cu o lipsă de putere, de autoritate. În alte cuvinte, de oameni a căror viață nu șade ca exemplu a ceea ce ei susțin și predică cu nonșalanță, ba chiar uneori demonstrează total opusul. Deci, aceasta este o avertizare: nu desconsiderați cele citite în această carte pe motivul că le-ați mai auzit până acum, iar atunci vă veți deschide posibilității de a învăța ceva.

Nu glorificați cuvintele. Luați-le drept ceea ce sunt și folosiți-vă de ele, dar nu le venerați, nu le puneți pe un piedestal și nu le purtați în piept sau pe cartea de vizită. Cuvintele *nu* au un înțeles fix. Ele înseamnă ceea ce societatea spune că înseamnă. Limbile pe care le vorbim, fiind fluide, în timp își schimbă gramatica și cuvintele. Unele cuvinte nu se mai folosesc, altele își schimbă înțelesul, astfel creând un din ce în ce mai mare ghiveci. Nu e nici de mirare că ajungem să fim confuzi. Astfel, înțelepciunea trecutului ajunge să fie diluată, iar multe din zicalele care ajung la noi tind să fie interpretate greșit, pot ajunge chiar să aibă un înțeles opus. Cu următorul lucru mi-aș dori să rămâneți de aici: cuvintele nu sunt niciodată ceea ce ele descriu, ele nu sunt realitatea. Deci nu vă prindeți de ele, nu rămâneți fixați pe ele și, foarte important, relaxați-vă presupozițiile, ipotezele pe care le aveți. Permiteți să vi se demonstreze, și totodată, să vă demonstrați singuri că greșiți în unele privințe. Bucurați-vă de această oportunitate. Este singurul mod în care veți putea trece prin această carte, în cazul în care îndeletnicirile masochiste nu vă surâd. Așadar, aș dori să rezum a doua avertizare la vechea zicală de origine Zen: „Nu confunda luna cu degetul care arată către ea" sau cum îmi place mie să spun, „Nu mă trage de deget și nu te mai uita la mine-n gură!".

Scopul acestei cărți nu este umple capul cu informații sau să vă ofere un sistem de convingeri sau o rețetă de a trăi, ci dorește total opusul: îndepărtarea tuturor conceptelor nefolositoare, curățarea tuturor mizeriilor din minte. Chiar dacă suntem conștienți de acest fapt sau nu, cu toții suntem niște colecționari împătimiți când vine vorba de convingeri, mai ales cele nefolositoare și cele dăunătoare. Poată nu îmi veți da imediat dreptate în privința acestui lucru și veți încerca să mă prostiți, pe mine, și ce-i mai rău, pe dumneavoastră înșivă, numindu-le drept „principii", „etică", „moralitate", „bun-simț", sau drept orice altceva peste care puteți ușor trece cu vederea, sau care este agreabil în ochii lumii. Alți termeni în care v-ați putea găsi confortul sunt „educație" sau „experiență". Da, am spus-o! Neprețuita educație prin care ați trecut a prezentat un mare dezavantaj, pe de-o parte, pe care tuturora ne este atât de ușor să-l ignorăm. Mă refer la faptul că această educație ne-a forțat să conformăm unei serii tipare impuse de societate, într-un așa hal încât, nu ai putea distinge indivizi dintr-o colectivitate destul de mare. Ar putea fi mai multe motive pentru acest lucru, dar ne vom întoarce la această idee mai târziu. Se pare că fiecare dintre noi avem o serie foarte rigidă de idei și reguli cu privire la viață, alți oameni, și chiar cu privire la noi înșine. Poți spune, cu toate acestea, că această listă rigidă vă ajută să vă orientați în viață, însă, după cum veți vedea, ceea ce face de fapt este puțin neașteptat. Ghidându-vă după ea, de fapt ajungeți să vă limitați viața, să o constrângeți. Căutați neîncetat experiențe, situații, interacțiuni care să se conformeze propriei viziuni. În mod evident, acest lucru doare mult mai puțin când aveți o imagine pozitivă asupra vieții, dar negreșit efectele sunt aceleași. Vă dă impresia că trăiți într-o cutie de carton. Deci, sugestia mea pentru dumneavoastră este următoarea: indiferent de cât de dificil ar putea fi sau cât de groaznic se va simți — și credeți-mă se va simți — priviți afară. Acest lucru implică să vă lăsați de o parte convingerile și ideile despre cum ar trebui să fie și ce este adevărat sau corect pentru un timp. Le veți putea lua înapoi după aceea de credeți că vă priesc. Nu vor pleca niciunde, deci nu vă faceți griji din această privință.

Adevărul nu este complicat. Nu este ascuns de nimeni, ba chiar este în plin văz. Aceasta este evanghelia, buna-vestire. Acum nu vă culcați pe o ureche.

CAPITOLUL 2
Unde ne aflăm

Confesiune

Cum să vorbești despre ce nu se poate vorbi, ce cuvinte să folosești? Uneori simt de asemenea plăcere și un fel de impuls, nerăbdare să vorbesc despre aceasta. Deși, când îmi deschid gura, îmi dau seama că este o încercare mult prea modestă. Poți vorbi din acel loc, însă cuvintele nu-l pot atinge niciodată, nici măcar tangențial. În același timp, orice ai spune poate fi interpretat greșit. Cum se poate întâmpla una ca asta când totul este atât de evident? Când am devenit conștient de el, a fost și încă este, ca și când ar fi fost din totdeauna aici. Totul este la fel, deși totul este diferit. Nu știu cum am ajuns să văd, știu doar că, uitându-mă în urmă, totul a contribuit, tot ce s-a întâmplat a conspirat ca să ajung aici, acum. Când încetez a încerca să-l mai descriu, atunci sunt cel mai aproape de a reuși.

Povestea zidarilor obsesivi

Imaginați-vă o schelă foarte înaltă. Este așa de înaltă, încât dacă ai sta în vârful ei, nu ai mai vedea pământul. Această schelă se sprijină de un turn invizibil, la fel de înalt. Nimeni nu a văzut acest turn niciodată, dar toată lumea crede că este acolo. Chiar în vârful acestei schelei stă comunitatea dumneavoastră, prietenii, familia. Acest vârf, împreună cu câteva dintre nivelele anterioare ale schelei este tot ceea ce se cunoaște. Aceasta se consideră drept adevărat. Aici s-au născut cu toții și aici si-au petrecut toate zilele vieții lor de până acum. Principala lor activitate zilnică constă fie în întreținerea schelei, fie în avansarea ei. Și fac asta din cauză că așa au fost învățați de cei de dinaintea lor, care au făcut același lucru la timpul lor.

Aici ne-am născut noi. În vârful acestei schele, chiar în vârf. Cu cât o facem mai înaltă, cu atât devine mai instabilă, cu atât mai îngrijorați devenim și cu atât mai mulți oameni trebuie să lucreze la susținerea ei. Nu avem nici cea mai vagă idee de unde a început toată această treabă. Nu știm nici când și nici din ce motive. Noi nu am văzut pământul pe care s-a clădit și nici strămoșii noștri, de multe generații. Nu este atât de neașteptat atunci că mulți dintre noi au început chiar să privească cu îndoială ideea că ar exista vreun „mare pământ". Când te uiți în jos, vezi doar o ceață densă. Nu avem de unde știi ce fel de monstru și-ar putea ascunde cuibul sub acest covor de ceață. Cine credeți că ar avea curajul să coboare? Dacă nu te-ai mai putea întoarce niciodată? Așadar, tot ce ne mai rămâne de făcut este să avansăm construcția și să ne continuăm clătinarea într-o stare crescândă de anxietate.

Materialul acestei schele constă în conceptele noastre. Turnul invizibil este lumea pe care noi am creat-o și care își are locul exclusiv în minţile noastre. Pământul este realitatea. Dacă ar exista vreo şansă să ieşim din acest cerc vicios de anxietate, aceasta ar necesita să ne dăm jos. Pentru că am confundat vârful schelei cu pământul, cu alte cuvinte, construcţiile mentale cu realitatea, şi în decursul acestui proces înşelător am ajuns să uităm unde a început totul şi care este sensul zbaterii noastre. Convingerile ne-au aşezat în vârf, acceptarea nediscriminatorie ale celor spuse de cei din jurul nostru (părinţi, societate, învăţători, etc.). Ceea ce ne va da jos este cercetarea sinceră.

Lumea noastră

În ziua de azi, când a fi extrem de ocupat este văzut drept virtute, e foarte greu ca cineva să mai ajungă să-şi acorde timpul necesar pentru a-şi contempla existenţa. O societate care încurajează acţiunea compulsivă şi în care genul acesta de întrebări sincere sunt privite cu dispreţ şi derâdere, ar trebui să se calmeze, pentru că îşi transformă membrii în nişte indivizi paranoici, tremurânzi de anxietate, lipsiţi de vreo adâncime intelectuală adevărată şi fără niciun pic de suflet. Cum să ne mai putem aştepta la vreun fel de îmbunătăţire a lumii în care trăim când orişice mişcare care nu se conformează standardului cât se poate de discutabil care este promovat, este sufocată din pântece? Totuşi, într-un mediu în care conformismele sunt venerate, te-ai aştepta ca cei mai câştigaţi să fie conformiştii. Însă treaba nu stă chiar aşa.

Conformiştii suferă cel mai mult şi cel mai rău. Ei sunt obligaţi să concureze în cele dure jocuri, cu oameni care nu au nici ei nimic mai bun de afişat decât mai mult din aceleaşi lucruri. Totuşi, în aceasta ne şade şansa; pe cât de confortabil ar fi să mergi orbeşte pe urmele turmei, în orice caz, nu este o activitate plăcută. Şi tocmai de aceea sunt sigur că în momentul în care ne va fi de ajuns cu toată prostia asta, ne vom lepăda de această cale. Când acelaşi vechi rahat stătut va deveni greu de mestecat, atunci ne vom trezi. Nici urmă de îndoială. Până atunci, însă, noi cei care nu mai putem aştepta, avem o nevoie însetată de îndrumare, dar nu dinafară. Nu din partea unei autorităţi exterioare, nespus de bine-intenţionată, care de abia aşteaptă să ne spună ce şi cum să facem, ce şi cum e mai bine. Nu, pentru că altfel suntem prinşi în aceeaşi capcană, am cădea din lac în puţ. Trebuie să ne obişnuim să stăm pe propriile noastre picioare şi să nu căutam disperaţi după acceptarea sau aprobarea celor din jurul nostru. Cine s-o poată da cu adevărat? Trebuie să învăţăm să ne ascultăm pe noi înşine, să gândim pentru noi înşine, să ne încredem în noi înşine. Şi acestea nu din cauză că v-aş spune-o eu sau oricine altcineva, ci din cauză că aţi înţeles că adevărata dumneavoastră natură este încrederea.

Vreau să clarific cu această ocazie diferenţa dintre încredere şi credinţă. Deşi din punct de vedere etimologic ele au aceeaşi origine, au ajuns să aibă însemnătăţi cu totul diferite. Credinţa este nefondată. Credinţa este un şir de afirmaţii, reguli, standarde cu care noi decidem de bună-voie să ne împovărăm, atât pe noi înşine şi cât şi pe cei din jur. Nevederea este un tovarăş al credinţei. Şi la fel sunt şi confuzia şi frica. Credinţa limitează grav infinita potenţialitate a vieţii noastre şi insistă ca universul să i se conformeze. Încrederea, pe de altă parte, vine odată cu înţelegerea, cunoaşterea propriei naturi. Ea este întotdeauna fondată în adevăr. Parfumul pe care îl emană este satisfacţia, compasiunea, speranţa, pacea, iubirea necondiţionată.

Chiar dacă vă daţi seama sau nu, întreaga dumneavoastră existenţă este bazată pe încredere, centrată în ea. Vă încredeţi că vă veţi trezi dimineaţa după ce vă culcaţi. Aveţi încredere că inima dumneavoastră nu-şi va uita următoarea bătaie. Vă încredeţi că suflarea vi se va întoarce după ce expiraţi. Vă încredeţi în puterea apei de a stinge setea... Vedeţi, trăiţi prin încredere, fie în mod conştient sau inconştient. Şi atunci, de ce pare că ar exista un eu în totală opoziţie acestei încrederi inerente? Un eu care simte că trebuie să-şi ia viaţa în propriile mâini şi dacă nu reuşeşte să o facă, totul se va duce pe râpă.

Acest eu este doar o mişcare în sens opus încrederii şi nicidecum un lucru în sine, separat. Aşadar, nu trebuie să elimini nimic şi pentru a corecta această mişcare trebuie doar să o vezi ca fiind ceea ce este. Atunci vei înceta să-i mai dai putere, să susţii mişcarea care este determinată să te saboteze.

Societatea

Societatea în care trăim pare să fie bazată pe cea mai distructivă, cea mai nefondată idee inconștientă. Aceea de sărăcie, de neajuns. Suntem convinși că suntem extrem de norocoși și că din cauză că am muncit enorm de mult, avem ceea ce avem acum, așa că ar fi bine să ținem strâns de ele. Dar ghiciți ce? Nu încerc să vă subminez efortul, sau să vă spulbăr ideea de independență, dar acestea nu sunt nimic în comparație cu puterea care mișcă vânturile și rotește pământul. Credeți că simpla dumneavoastră voință poate realiza ceva de valoare? Uitați-vă la ce au reușit să realizeze toate intențiile bune ale oamenilor în secolul acesta și cel trecut. Dar găsiți multe la știri despre acestea, așa că nu are rost și nici nu-mi doresc să elaborez pe această temă. Practic, ele stau ca mărturie efectului rebeliunii noastre împotriva naturii, împotriva naturii noastre. Aici ne-a adus credința noastră în neajuns.

Însăși modelul nostru economic este bazat pe frică. Anxietatea este aceea care servește drept combustibil mecanismului teribil de ineficient și costisitor al economiei noastre. Întotdeauna vrem mai mult, și mai mult, și mai mult, doar ca, pentru numele lui Dumnezeu, să nu rămânem fără! Tremurăm de frica pierderii a ceea ce deja avem, așa că lucrăm din ce în ce mai mult slujbe pe care le disprețuim, și drept rezultat avem din ce în ce mai puțin timp să ne bucurăm de ceea ce avem. O, și timpul libel ni-l petrecem îngrijorându-ne de soarta unor lucruri care doar ne țin în loc, stagnând. Când ne vom opri? Când compania ne va intra în faliment? Când pământul e total epuizat de resursele necesare vieții? Când boala ne va incapacita? Această credință în neajuns este atât de adânc înrădăcinată în societatea noastră, și deci în propria noastră conștiință. De fapt, ideea de neajuns a fost introdusă de societățile civilizate. De ce ar face una ca asta? Păi, ideea de neajuns încurajează competiția, subliniază individualitatea (cultura fiecare-pentru-el) și asigură controlul centralizat al resurselor, inclusiv al forței de muncă. Poate din cauză ca se crede că doar neajunsul și groaza pierderii ar putea motiva progresul. Ce fel de progres este acesta? Doar progres tehnologic există? Poate ne este frică că în lipsa terorii pierderii posesiunilor sau de a nu fi în pas cu restul lumii, oamenii și-ar da seama într-un final de cât de puțin au nevoie pentru a trăi fericiți...

Nu ați fost născut în această lumea, sunteți născut *din* această lume. Fiind din Pământ, sunteți ca Pământul, plin de bogății, îmbelșugat. Puterea care mișcă oceanele, învârte planetele, răsare soarele, extinde universul, este aceeași putere care vă bate inima, vă respiră suflarea, vă vede vederea, vă simte atingerea. Faceți dumneavoastră aceste lucruri? V-ați făcut dumneavoastră? Nu, ceea ce dumneavoastră faceți este să priviți și să cârtiți și să fiți nemulțumiți: „Dar eu voiam asta! Voiam să se întâmple așa! De ce trebuie să mi se întâmple asta mie?!". Hai, înveseliți-vă, nu disperați! Dar nu dumneavoastră, dumneavoastră dispăreți! Și atunci veți vedea că nu sunteți diferiți de însăși pământul pe care călcați, de universul în care trăiți, ci sunteți el. Nu parte din el, nu o formă a lui, ci chiar el. Oricum l-ai numi... Așa că încetați să mai căutați după moloz, încetați să mai puneți pietre și nisip în buzunar doar de dragul de a avea mai mult. Aveți totul. Totul vă aparține pentru că totul este dumneavoastră. Poate ați dori să vă demonstrez cumva acest lucru, poate vă va trebui un timp până să acceptați ce vă spun, dar nu este nimic în neregulă cu aceasta. Însă calea către înțelegere nu trebuie să fie nici lungă, nici grea, nici dureroasă.

CAPITOLUL 3
Iluzii comune

Introducere

Aşa cum am văzut mai înainte din povestea zidarilor, ceea ce noi numim *lume* sau *realitate* este ceva nespus de îndepărtat de adevăr. Să însemne asta cumva că delirăm? A delira pare un termen cam aspru, însă, în cele din urmă, descrie foarte bine starea noastră psihică, percepţia noastră a lumii. Spun asta fără menajamente pentru că dacă nu ar fi puţin amuzantă situaţia, sau dacă nu s-ar putea scăpa uşor din ea, ar fi mult prea adânc în spectrul tragediei. Vedeţi, toată lumea funcţionează bazându-se pe un anumit şir de ipoteze, presupuneri despre lumea în care trăieşte. Aceste presupuneri ne influenţează interacţiunea cu şi percepţia lumii. Unii văd viaţă ca teribil de complicată şi grea, alţii o văd ca pe un joc beatific. Unii sunt convinşi că trebuie să lucreze de să-şi rupă spinările pentru a obţine ceva de valoare, alţii cred că dorinţa este de ajuns. Cum pot ambele păreri să fie valide? Oare nu vorbim cu toţii de aceeaşi lume?

Faptul este că fiecare dintre noi proiectăm părerile proprii asupra lumii şi, astfel ajungem să experimentăm ceea ce proiectăm. Lumea pe care o vedeţi în afara dumneavoastră este o imagine care se formează în propriul dumneavoastră creier. Fiecare din simţurile dumneavoastră transmit impulsuri electrice creierului, iar creierul construieşte imaginea. Aşadar când vă spun, convingerile dumneavoastră au puterea de a modifica modul în care experimentaţi lumea, mai pare atât de scandalos şi de necrezut? Însă convingerile dumneavoastră nu au nicio legătură cu lumea reală, nici măcar nu o ating. Ea este aşa cum este. Doar imaginea ei este alterată pentru dumneavoastră.

Cercetaţi-vă, deci, presupoziţiile ascunse despre lumea în care trăim. Aduceţi-le în lumina conştienţei şi apoi întrebaţi-vă în legătură cu fiecare în parte: este cu adevărat așa? Suntem întotdeauna atât de repeziți în a ne etala convingerile și a le forța pe gâtul altora, fără ca măcar să le testăm validitatea. De exemplu, ideea că ar exista un creator, sau exact opusul, convingerea că suntem un accident, sunt unul și același lucru. Sunt același tip de argument bazat pe același tip de evidență. Până la urmă treaba se rezumă la ceea ce doriți să vedeți și în ce cutie doriți să o puneți: cea etichetată *pro* sau cea etichetată *contra*.

Faceți un exercițiu în care încercați să găsiți motive, evidențe care susțin și apoi care contestă fiecare convingere pe care o aveți. Străduiți-vă să fiți pe cât de imparțiali posibil, considerați-vă deasupra situației. Nu după mult timp veți descoperi că puteți argumenta orice despre orice. Chiar dacă la început ar putea părea absurd, cu toate acestea poate fi logic ceea ce este susținut. Probabil primul instinct ar fi să spuneți „Nu are cum să fie așa!", dar asta pentru că nu se conformează viziunii actuale pe care o aveți, însă pentru alții ar putea fi perfect normal.

Așadar, există un ceva pe care l-am putea numi realitate absolută? Ceva care este pentru toată lumea la fel?

Realitatea

Ceea ce noi numim în mod obişnuit realitate şi normalitate sunt structuri sociale, instituiri culturale. Modul în care oamenii percep viaţa şi interacţionează cu ea este determinat de cultura lor, de religie, de modul în care au fost crescuţi şi de mediul în care ei trăiesc, printre altele. Mai mult, relaţia dintre oameni şi percepţia lor despre realitate este bilaterală. Experienţele dumneavoastră determină maniera în care percepeţi viaţa şi modul cum gândiţi despre ea şi, în acelaşi timp, modul în care dumneavoastră percepeţi viaţa determină ce fel de experienţe aveţi. Observaţi că aceasta este o descriere clară a unui cerc vicios sau a unei spirale nesfârşite? Deci, dacă gândurile dumneavoastră sunt predominant negative, experienţele dumneavoastră vor deveni predominant negative, iar ele vor influenţa la rândul lor în mod negativ felul în care gândiţi, astfel apăsând spirala în jos.

Permiteţi-mi, însă, să vă dau o veste bună; starea aceasta în care vă aflaţi se poate schimba foarte uşor, concentrându-vă asupra aspectelor pozitive din viaţa dumneavoastră. Deoarece dumneavoastră nu trăiţi, nu experimentaţi ceea ce este cu adevărat, de fapt numai foarte rar. Experienţele dumneavoastră sunt condiţionate de convingerile şi conceptele pe care le aveţi despre viaţă. Vedeţi viaţa prin prisma propriei culturii, societăţii din care faceţi parte. Şi aşa şi este, o povară. Varietatea, în acest sens, ar trebui celebrată, dar când influenţează în mod negativ felul în care interacţionăm cu ceilalţi şi cu mediul în care ne aflăm, atunci suferim această varietate. Din cauza faptului că astfel de convingeri nu au nicio bază în realitate, suntem constant angrenaţi într-o alergare pentru a le demonstra validitatea, atât nouă, cât şi celorlalţi.

Şi cu cât mai multă lume este de acord cu noi, cu atât mai mult simţim că ele sunt adevărate. Vedeţi, însă, aceste conceptualizări, în momentul în care încetăm să le mai consolidăm, ele îşi pierd puterea.

Dumneavoastră aţi fost învăţaţi să vedeţi viaţa într-un anume fel. Dar percepţiile dumneavoastră nu sunt constante, ci ele se schimbă, chiar frecvent. Cu toate acestea, în orice punct al vieţii dumneavoastră, sunteţi convinşi că percepţiile pe care le aveţi sunt cele corecte, cele adevărate. Însă percepţiile dumneavoastră sunt mai de grabă modul în care obişnuiţi să priviţi lumea din jurul dumneavoastră, să o interpretaţi. Şi ca obişnuinţă, dacă nu este menţinută, mai poate fi numită obişnuinţă? Îşi pierde puterea, se stinge.

Aşa că v-aş sugera să vă lăsaţi părerile să îşi piardă puterea pe care o au asupra dumneavoastră, în loc să iscaţi războaie ca să demonstraţi un punct de vedere iluzoriu. Vedeţi, viaţa ne este de mare ajutor dacă îi permitem. Pentru că prin natura ei, tot ce este neadevăr este constant în procesul de a se stinge, de a dispărea. Este normal să apară confuzia ca urmare a acestui lucru. La fel şi frica. Dar, în loc să fugiţi de aceste sentimente, primiţi-le cu braţele deschise. Ele sunt vestitorii faptului că vă construiaţi casa pe un teren alunecos.

Cât de uşor ne este să judecăm, pe alţii şi pe noi deopotrivă! Dar care sunt criteriile după care ne ghidăm în pronunţarea acestor judecăţi? Cunoştinţele noastre sunt relative, fără excepţie. Asta înseamnă că orice poţi spune despre ceva sau cineva este întotdeauna în comparaţie cu ceva sau cineva. De exemplu, când spui „cartea este roşie", spui de fapt că acea carte are o culoare care se aseamănă cu culoarea pe care noi o numim *roşu*. Dar ştiţi ce este interesant despre acest lucru? Nimeni nu vede *roşu* la fel. Cu alte cuvinte, nu există un roşu absolut. Însă dumneavoastră credeţi că există, ba mai mult, credeţi că este acela pe care îl vedeţi dumneavoastră.

Acesta a fost un exemplu foarte simplu, dar haideţi să vedem unul mai complex, însă, cred eu, foarte familiar; când gândiţi sau spuneţi că o persoană este rea, care sunt standardele fundamentale pe care vă bazaţi, sau cu alte cuvinte, cu care o comparaţi? Menţionaţi-le. Spuneţi-le explicit. Vedeţi, suntem foarte rapizi în a cataloga o persoana ca fiind aşa şi pe dincolo, însă doar foarte rar suntem conştienţi de ceea ce acest lucru înseamnă pentru noi. De multe ori, este de ajuns ca cineva să corespundă doar unui lucru de pe lista noastră ca să-l catalogăm, să-i lipim o etichetă pe frunte şi să-l punem într-o cutie. Aceasta nu le face doar lor o nedreptate, ci şi dumneavoastră. Aşadar când observaţi că începeţi să catalogaţi, întrebaţi-vă: „Ce a făcut această persoană de am catalogat-o în acest fel?", „Care sunt caracteristicile persoanelor/lucrurilor/ evenimentelor din această categorie şi oare persoana/lucrul/ evenimentul acesta chiar se potriveşte aici?" Nu este ea oare mult mai mult decât catalogarea mea? Pot rezuma aceasta persoană, in complexitatea si individualitatea ei la un cuvânt, o etichetă?

Acum, ceva care poate părea chiar mai şocant decât standardele inconştiente este originea lor. În investigaţia clară şi sinceră a acestora, întrebaţi-vă: „Este aceasta ideea mea?", „Eu am născocit-o?", „Sau este cumva inculcată de către societate, învăţători, părinţi?", „Cred cu adevărat în ea, este ea adevărată pentru mine?". Primul instinct ar putea fi răspundeţi grăbiţi că, desigur că dumneavoastră sunteţi în spatele tuturor acestor idei, însă vă îndemn la o cercetare mai îndeaproape. Permiteţi-vă să petreceți timp singuri, nederanjați. Oamenii cu care vă petreceți timpul, cu care întrețineți o oarecare relație, de cele mai multe ori vă împărtășesc prejudecățile și convingerile, fapt din pricina căruia vă înțelegeți bine cu ei. Convingerile dumneavoastră sunt rar în conflict, însă asta nu înseamnă nici pe departe că ele sunt adevărate. Acești oameni sunt foarte drăguți și sârguincioși când vine vorba să vă țină la locul dumneavoastră, pe același drum. Ca nu cumva, doamne ferește, să vă rătăciți prea departe de turmă! Prietenii dumneavoastră sunt oameni cumsecade, însă doar în măsura în care dumneavoastră continuați să fiți ca ei și, astfel, să vă îndepliniți funcția de a le solidifica convingerile, în timp ce ei vi le solidifică pe ale dumneavoastră.

Timpul

Timpul este așezat la un loc de prea mare cinste. Îi dăm prea multă crezare, când de fapt, el este mai puțin real decât o adiere de vânt ce ține doar un moment. Timpul este doar un gând, un concept, este numele pe care îl conferim experienței schimbării. În mod obișnuit, când ne gândim la timp, ni-l imaginăm ca o axă enorm de lungă, care se extinde, într-o direcție până la începutul universului, iar în cealaltă până la sfârșitul a tot ce înseamnă viață. Noi suntem undeva la mijlocul acestei axe. Tot ce este înapoia noastră, numim trecut și tot ce vine după noi, numim viitor. Prezentul noi îl concepem ca fiind linia care desparte trecutul de prezent.

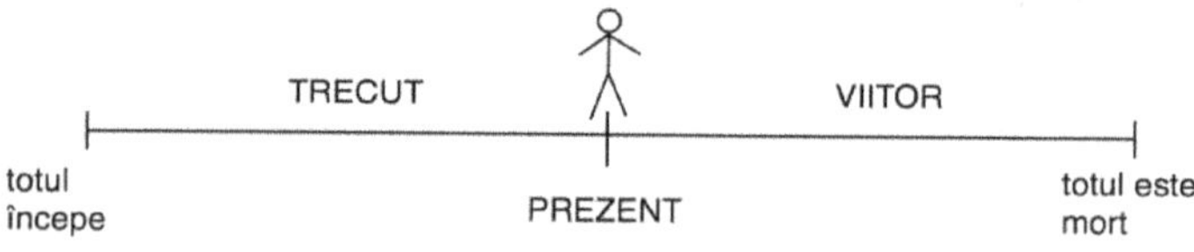

Însă, în realitate, nu aceasta este experiența noastră cu privire la prezent. Ne referim la prezent ca fiind intervalul de timp care cuprinde caracteristicile mediului și situației în care ne aflăm, sentimente, gânduri, speranțe, visuri, oameni etc. Așadar, ceea ce noi numim prezent nu este momentul prezent, care este chiar mai subtil decât o clipită, ci un interval definit de memorie și circumstanțe.

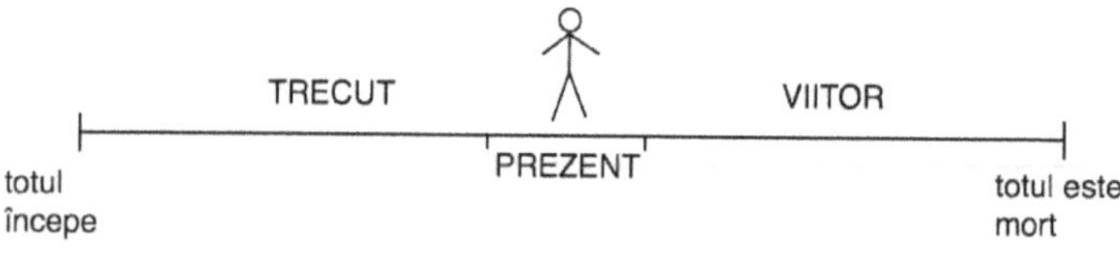

Susținând o astfel de viziune asupra momentului prezent, ceea ce noi facem de fapt este să ne consumăm energia care ne este la dispoziție încercând să facem ca viitorul să se conformeze trecutului. Încercăm din răsputeri să tragem, să împingem și să întindem acel interval, când nici măcar nu este în interesul nostru să facem asta. Totuși realitatea, nu se schimbă în acest proces, deci stați liniștiți, nu este totul pierdut.

Suntem obișnuiți să credem că prezenta noastră stare, situația noastră curentă, este determinată de trecut. Nimic nu poate fi mai greșit! Gândiți-vă puțin! Cum se poate ca trecutul, care prin definiție înseamnă „ceea ce nu mai este", să determine ceea ce este acum, sau chiar mai scandalos decât atât, ceea ce va fi? Cum poate ceva ce nu există să aducă ceva în existență? Puteți observa aceste incoerențe în gândirea noastră? Doar pentru că așa am fost încurajați — ca să nu fiu mai dur și să zic, forțați — să credem.

Cu toate acestea puteți susține că, totuși așa pare să fie experimentată situația, așa pare să fie. Faptul este că, întotdeauna noi vom căuta dovezi care ne explică convingerile actuale. Întotdeauna. Pentru a vă deschide întregului dumneavoastră potențial de a fi, trebuie să vă aruncați greutatea aceasta din spinare. Luați în calcul următorul lucru: când vă simțiți tulburați de sentimente de vinovăție din cauza unei fapte groaznice pe care ați comis-o în trecut și considerați că ar trebui să suferiți pentru aceasta, ghiciți ce? Suferiți! Când? Acum. Și acum. Și acum. Până când descoperiți că dumneavoastră sunteți cei care vă faceți singuri să suferiți și nimeni altcineva nu vă obligă. Căutați și selectați cele mai groaznice lucruri pe care le-ați făcut sau vi s-au făcut și le dați putere. Le dați spațiu, o platformă să se actualizeze iar. Și faceți asta acum, în acest moment. De aceea, amintirile acelea par atât de vii, pentru că le dați dumneavoastră viață aducându-le aici, acum. Opriți-vă! Încetați toate aceste acte de auto-flagelare lipsite de sens. Dumneavoastră, însă, puteți spune, „Dar sunt un om groaznic și merit să sufăr". Ghiciți ce? Dacă dumneavoastră credeți acest lucru, sunteți și meritați. Eu, însă, sunt aici ca să vă spun că sunteți mult mai presus de atât și este momentul să aflați cât de *mai presus.*

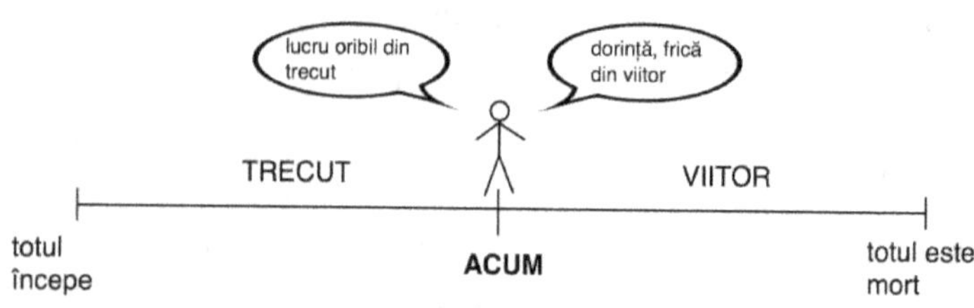

Același lucru se aplică și fricilor noastre cu privire la viitor. Este acum, în acest moment, când de facem griji că planurile sau țelurile noastre nu for fi împlinite. Toleranța acestor gânduri ne ține ocupați cu sentimente de milă cu privire la noi înșine, în loc să fim liberi să facem ce ne stă în putință pentru a ne atinge scopurile, sau chiar, ceea ce ne place să facem. Puteți oare vedea acum că nu există decât acest moment? Că nu există nicio axă? Trecutul există doar ca o colecție de amintiri în mintea noastră și viitorul ca o adunătură de speranțe, visuri, aspirații și frica faptului că nu se vor adeveri. Trecutul este vinovăție. Viitorul este anxietate. Acum este *viață.* Viața este *acum.*

Chestii, lucruri

Ce este un copac? Încercați, serios, cu sinceritate să răspundeți la întrebare. Puneți cartea jos și încercați să răspundeți. Poate veți fi înclinați să dați o definiție. Însă, după cum poate veți descoperi, orice fel de definiție va fi dată în cuvinte. Așadar, nu puteți spune cu adevărat ce este un copac fără ca să definiți fiecare cuvânt pe care l-ați folosit în a-l descrie. Suntem prinși într-o mică încurcătură, nu-i așa? În mod obișnuit, în starea noastră normală de conștiență, atunci când ne uităm la un copac, noi nu vedem copacul. Ceea ce vedem este cuvântul *copac*, o etichetă. Forțați asupra *copăcelii*, bucata de univers care *copăcește* (ca verb), o mână de concepte.

În capul nostru avem un fel de șabloane, mai mult sau mai puțin bine definite, prin care încercăm să băgăm universul. Și astfel denumim ceea ce trece prin șablon, după numele șablonului. Un astfel de șablon este cel numit *copac*. Cuvântul *copac* nu este copacul. Totodată nici cunoștințele noastre, oricât de cuprinzătoare, despre copaci, nu sunt copacul, sau mai bine zis, copăceala. Puteți vedea încotro se îndreaptă argumentul?

Ce v-a dat dumneavoastră impresia că un copac este un lucru, o chestie separată și independentă de mediul său înconjurător? Nu poate fi decât din cauza șabloanelor pe care le folosiți. Unde începe și unde se termină un copac? Bun, puteți spune că începe la rădăcini și se termină la coroană. Dar asta e doar șablonul. Asta e doar convenția.

Cuvintele sunt ca un fel de valută. O valută destul de folositoare pentru că ne oferă posibilitatea de a schimba informații, de a stabili întâlniri, de a ne coordona munca, de a spune glume și așa mai departe. Dar ca să ne putem folosi de această valută, toți trebuie să fim de acord cu valoarea, sau în cazul acesta, însemnătatea fiecărui cuvânt. Dacă eu spun *copac*, referindu-mă la creșterea ce iese „vum!" din pământ și care face „ffffffffff!" în bătaia vântului, iar dumneavoastră vă gândiți la o pisică, atunci nu ne vom înțelege, comunicarea nu este posibilă. În felul acesta, cuvintele sunt extrem de importante. Problema, însă, reiese din faptul că am ajuns să confundăm cuvintele cu actualitatea obiectelor comunicării noastre, altfel spus, am ajuns să vorbim despre cuvinte în loc să vorbim despre lume. Însă cuvintele nu există în natură. Nu este nici de mirare că suntem atât de confuzi! Am confundat viața cu o mână de simboluri.

Vă propun un exercițiu. Data viitoare când ieșiți din casă, priviți cu adevărat un copac. Lăsați la o parte conceptele care vă obstrucționează vederea și ignorați sentimentul de „știu ce-i asta". Priviți păsările. Nu sunt ele cele mai ciudate creaturi pe care le-ați văzut? Priviți cu adevărat! Priviți fiecare lucru ca și când acum ar fi prima dată când le vedeți. Doar imaginați-vă cum s-a simțit și ce a fost în capul primului om care a văzut un pinguin. Ce sunt pinguinii de fapt? Un fel de pasăre-pește clătinândă? Obișnuiți-vă cu acest sentiment de minunăție pentru că viața este de-a dreptul minunată și demnă de minunăție.

Alți oameni

Credeți că știți pe cineva. Însă, niciodată nu puteți cunoaște pe nimeni. Pentru că niciodată nu-i vedeți ca ceea ce sunt cu adevărat. Credeți că sunt un corp, o personalitate. Asemenea unui personaj dintr-un roman, vă simți ca fiind *aceeași persoană* de-a lungul timpului, și vă așteptați ca și ceilalți din jurul dumneavoastră să se comporte la fel, într-un mod constant, consecvent. Acest lucru face ca dumneavoastră să desconsiderați dovezi opuse imaginii pe care o aveți cu privire la altcineva, și în același timp, faceți ca persoana respectivă să fie oarecum legată de, blocată în acea imagine.

Oamenii care petrec mult timp în același grup tind să aibă un comportament constant, obișnuiesc să nu se schimbe mult. Aceasta și din cauza faptului că cei din jur impun un anumit șablon asupra lor. Identitatea lor este susținut și încurajat de indivizii din grup care le reamintesc constant cine trebuie să fie, ce trebuie să facă, cum trebuie să se simtă, ce trebuie să gândească și să creadă. Se întâmplă peste tot: în familii, în relațiile romantice, în grupuri de prieteni, în societăți. Oamenii din jurul dumneavoastră își alimentează și își consolidează imaginea pe care o au cu privire la dumneavoastră și, în același timp, și imaginea pe care dumneavoastră o aveți cu privire la voi înșivă. Probabil de aceea, vechii mari mistici în căutarea adevărului își părăseau societatea și familiile și preferau să trăiască în peșteri.

În același mod s-a format și natura a ceea ce noi numim realitate. Nu este deloc reală, este doar o înțelegere între noi, un acord. Este o viziune pe care noi o forțăm asupra naturii, așteptându-ne ca ea să reacționeze la fel ca oamenii, adică să se supună ei și să se conformeze astfel încât să nu ne dezamăgească. Însă naturii nu îi prea pasă de fanteziile și dezamăgirile noastre. Iar noi se pare că ne dăm seama că ideile noastre cu privire la natură sunt doar fantezii. De aici apare conflictul, de la faptul că încercăm să ne impunem viziunea asupra oamenilor, lumii in general și chiar și asupra noastră. Dar viziunile noastre par reale doar din cauză că au fost consolidate de-a lungul timpului de oameni la fel de confuzi. Se pare că acceptăm orice ca fiind real atât timp cât un număr destul de mare de oameni sunt de acord cu lucrul respectiv. Vedeți sursa confuziei?

Și atunci ce este cu adevărat real? Din toate lucrurile pe care credeți că le știți, câte dintre ele le-ați acceptat doar din cauza unui vot majoritar? Câte dintre așa-zisele adevăruri sunt ideile altora? Câte convingeri au rămas neinvestigate? Câte din acțiunile dumneavoastră pornesc dintr-o dorință de conformitate, și câte din adevăr? Acestea sunt întrebări care vă pot ghida către realitate, însă doar dacă le tratați cu deosebită perseverență și sinceritate.

Eu, persoana mea și problemele mele

Majoritatea problemelor pe care le întâmpinăm, majoritatea conflictelor pe care le întreținem, întreaga noastră suferință, toate se trag de la faptul că nu știm cine suntem. Suntem total confuzi cu privire la identitatea noastră. Și în loc să încercăm să o descoperim, preferăm să tragem tot felul de concluzii pripite și să acceptăm prima definiție ce ne iese în cale. Îi rănim pe cei din jurul nostru fără să știm că ne rănim pe noi înșine; literalmente, pe noi înșine. Dar nu trebuie să fie așa, pentru că a ne cunoaște pe deplin stă în puterea noastră.

Mental, puteți ști cine sunteți doar în raport cu restul lucrurilor. Haideți să vedem cum funcționează. Dacă scrieți des, atunci vă numiți scriitor. Dacă studiați într-o universitate, atunci vă numiți student. Dacă aveți copii, vă numiți tată sau mamă. Dacă aveți un milion de dolari, atunci vă numiți bogat, iar cei din jur vă vor numi de succes... Care dintre cele de mai sus este ceea ce sunteți dumneavoastră cu adevărat? Sunteți cu adevărat doar o mamă? Sunteți o mamă atunci când sunteți la lucru și vorbiți cu colegii? Le spuneți cumva să fie cuminți și să-și facă temele? Sau ce se întâmplă când terminați universitatea? Unde dispare studentul?

Vedeți, vă descrieți în raport cu ceea ce aveți, ceea ce faceți, ceea ce alții spun despre dumneavoastră, la care adăugați imaginea corpului dumneavoastră, oricare ar fi percepția dumneavoastră cu privire la el. Și astfel vă creați imagine artificială, vă formați un fel de construcție mentală pe care apoi o adoptați și îi dați numele dumneavoastră, altfel spus, vă creați un idol. Deveniți un obiect în propria dumneavoastră minte. Apoi începeți să relaționați cu acest obiect. Și bineînțeles că sunteți nefericiți și nemulțumiți de el, pentru că imaginea dumneavoastră, indiferent de cât de bună sau de succes, nu poate reprezenta cu adevărat ceea ce sunteți — la fel cum cuvântul *apă* nu este cu adevărat apă. Așadar, încercați să o schimbați, să o îmbunătățiți. Dar ce schimbați când spuneți „Vreau să mă schimb"? Intenționați să vă schimbați imaginea. Acesta este singurul lucru ce poate fi schimbat. Dar ghiciți ce? Această imagine există doar în memoria dumneavoastră. Nici măcar nu este corect să zic *există* pentru că este o totală iluzie. Ceea ce numim memorie este un amalgam de gânduri, evenimente, oameni, impresii, etc. Dar unde este acest amalgam când nu vă amintiți ceva în mod activ?

Din păcate această imagine artificială este moneda noastră prin care tranzacționăm cu lumea din jur. Imaginea este cea pe care o prezentați oamenilor și tot prin aceasta oamenii vă recunosc. Acum imaginați-vă următorul lucru: să zicem că aveți o păpușă. Fiecare dintre noi are una. Și fiecare o decorează, o machiază, o exersează... Fiecare dorește ca păpușa lui să fie cea mai bună. Când doi se întâlnesc, scot păpușile afară și își încep jocul. Cei doi nu mai interacționează direct, ci prin păpuși. Și tot păpușile lor interacționează cu familia, copiii, animalele lor de companie și restul lumii. Iar când sunt singuri, chiar ei înșiși vorbesc cu păpușa lor. Vedeți încotro merge discuția?

Imaginea pe care o aveți despre dumneavoastră, ceea ce credeți că sunteți, este păpușa. Și numai din cauza faptului că ea nu este un obiect fizic, palpabil, ci o construcție mentală, este mai puțin evident că nu este cine sunteți cu adevărat. Nu vedeți imediat că este un rol pe care îl jucați. Deci cine sunteți? Sunteți imaginea, sau ceea ce vede imaginea? Și cine este acela ce vede imaginea? Crezând că sunteți egoul, eul limitat, este ca și când v-ați confunda cu degetul și apoi ați vrea să posedați întreaga mână.

Făcând afirmații despre dumneavoastră și crezând în ele, insistând că sunt reale, ceea ce faceți este cum urmează: vă scanați memoria în mod selectiv, făcând generalizări cu privire la ce s-a întâmplat în trecut — și nici măcar ceea ce s-a întâmplat cu adevărat, ci acele întâmplări care vă susțin părerea. Pe baza lor susțineți că la fel trebuie să se întâmple și în viitor. Astfel, chiar dumneavoastră încercați să le faceți să se întâmple. Ordonați ca ele să se întâmple, afirmațiile devenind reale în experiența dumneavoastră. Natura universului, însă, este schimbarea. Deci ceea ce faceți până la urmă este să vă împotriviți cursului natural al lucrurilor. Deci de fiecare dată când insistați asupra statorniciei și, deci, asupra realității absolute a gândurilor dumneavoastră, fie ele spuse sau nespuse, irosiți o cantitate enormă de energie în încercarea de a demonstra o irealitate. Lucrați împotriva a *ceea ce este*, încercând să evitați inevitabilul, să conservați putrezindu-l, să faceți să se întâmple imposibilul sau chiar să apucați strâns informul.

Oamenii nu se schimbă în măsura în care insistă asupra a ceea ce sunt.

Realitatea gândurior și a sentimentelor

Imaginați-vă spectrul sentimentelor dumneavoastră ca un instrument cu corzi, ceva ca o harpă sau o chitară. Fiecare coardă corespunde unui sentiment specific. Așadar, puteți să simțiți orice sentiment, fiind doar o chestiune de ce coardă decideți să trageți. Dacă trageți de coarda pe nume frică, atunci veți simți frică. Dacă trageți de coarda pe nume bucurie, atunci veți simți bucurie. Natura sentimentelor este aceeași ca și natura unei corzi vibrânde; continuând să vă concentrați asupra unui sentiment, îl prelungiți în timp, la fel cum faceți cu sunetul când continuați să trageți de coarda care l-a produs. Însă în același timp, sentimentele sunt de așa natură, încât dacă încetați să le mai dați importanță, dispar treptat, precum sunetul unei corzi lăsate în voie. Așadar, panica creează mai multă panică. Ura creează mai multă ură. Bucuria creează mai multă bucurie. Compasiunea creează mai multă compasiune. Însă acest fenomen nu este limitat la corpul dumneavoastră. Cum toți suntem conectați, bucuria dumneavoastră va trage de coarda-bucurie a celor din jur, compasiunea dumneavoastră va trage de coarda-compasiune... Este, deci, alegerea dumneavoastră ce doriți să răspândiți.

Gândurile dumneavoastră sunt de o natură similară. Ele rezonează cu corzile-sentiment și le fac să vibreze. Așadar, un gând de ură sau frică va rezona cu sentimente de ură și frică. Gânduri de compasiune cu sentimentul de compasiune. Folosiți-vă gândurile și sentimentele ca un ghid care vă poate arăta încotro vă îndreptați și în ce mod vă modelați experiența lumii în care trăiți. Amintiți-vă că, întotdeauna, percepția dumneavoastră asupra lumii naturale, a ceea ce este, vă dictează experiența.

Există, totuși, o oarecare cursă. Puteți să aveți un gând groaznic sau un sentiment de ură și apoi să vă îngrijorați sau să vă simțiți dezamăgiți din această cauză. Păi, ghiciți ce se întâmplă atunci? Gândurile și sentimentele negative ale dumneavoastră sunt amplificate și prelungite ca durată. Deci, ce este de făcut? Să le respingeți? Să acționați împotriva lor și să încercați să le suprimați? Să fugiți de ele? Mai gândiți-vă. Uitați-vă la verbele folosite anterior: a respinge, a acționa împotriva, a suprima, a fugi de... Sunt ele acțiuni pozitive, cu alte cuvinte, sunt ele acțiuni care rezonează cu bucurie, fericire, compasiune, acceptare? Bineînțeles că nu. Așadar, acționând în felul acesta, nu faceți decât să vă amplificați și să vă prelungiți din nou suferința.

Obișnuiți-vă cu gândurile și sentimentele dumneavoastră. Lăsați-le să-și facă treaba. Observați dacă ajung să conteze într-un final. Faptul este că vă pot răni sau cauza neliniște doar dacă le conferiți prea multă importanță. Nu fugiți de ele, nu încercați să le suprimați, pentru că astfel doar le consolidați, recunoscându-le o existență și importanță pentru dumneavoastră. Puteți spune, însă, „O, dar uneori am cele mai groaznice gânduri". Și care este finalitatea, vă întreb? Nu sunteți sclavul tiparului dumneavoastră de gândire, iar el este exact ceea ce este, un tipar. Este o obișnuință și prin urmare, poate fi schimbat prin a nu-l trata cu toleranță și indulgență. Învățați să vă priviți gândurile cum vin și pleacă și prindeți-le în flagrant pe cele oribile. Când vă obișnuiți să le vedeți ca ceea ce sunt, vor înceta să mai aibă vreo putere asupra dumneavoastră. Nu vor avea puterea să schimbe modul în care vă raportați la dumneavoastră înșivă, la lume, la alte persoane, sau modul în care interacționați cu ele. Gândurile și sentimentele au nevoie de atenția, interesul, și mai ales, acțiunile dumneavoastră ca să le susțină.

Gândurile și sentimentele nu sunt diferite de vreme. Într-adevăr, pot cauza o oarecare inconveniență, însă nu există cineva pe care să te superi. Cine poate fi tras la răspundere? Orișicine este nemulțumit de vreme, este, de fapt, nemulțumit de preferințele sale (de cerințele sale) cu privire la vreme. De asemenea, nu este nimeni care poate fi tras la răspundere pentru gândurile pe care le aveți. Nu sunteți *nici mai mult, nici mai puțin* răspunzător pentru ele decât pentru norii care trec pe cer. Atunci de ce să faceți diferențieri? Faptul este că, dumneavoastră alegeți cu mare grijă lucrurile pentru care vă asumați responsabilitatea, iar criteriile după care faceți aceste discriminări sunt în mare parte dictate de cultura dumneavoastră și de educația primită. Desigur sunt similarități între culturi, acestea aparținând societăților umane civilizate. Să vedem câteva exemple.

În țările cu o majoritate teistă, precum cele din estul și sud-estul Europei, oamenii acceptă, se complac mult mai ușor într-o situație nedorită, să zicem, opresiune din partea statului, proclamând-o *voia lui Dumnezeu* și astfel, asociind-i cu o agendă divină. În țările vestice, cu o majoritate laică, populația ar face tot ce îi stă în putință să schimbe o astfel de situație. Vedeți, în primul exemplu, responsabilitatea este cu Dumnezeu, pe când în al doilea, oamenii își asumă responsabilitatea de a schimba lucrurile.

Acum, veți putea argumenta că al doilea caz este mai favorabil, însă luați în considerare următoarea situație. Să zicem că umanitatea ar fi afectată de o boală incurabilă, care omoară pe toți oamenii care nu au gena care îi face imuni ei. Indiferent de cât efort se depune, indiferent de ce acțiuni se întreprind, boala nu poate fi oprită să-și urmeze cursul. Pe când în prima situație, o națiune teistă ar îndura un tratament injust, în cea de-a doua, ați descoperi că societățile laice ar suferi mult mai mult. Ele ar suferi pierderi nu doar din cauza bolii, ci și din cauza epuizării, stresului și anxietății rezultante în urma încercării de a evita inevitabilul. Există o cale de mijloc?

CAPITOLUL 4

Ce putem ştii cu adevărat

Despre cunoaștere

Ceea ce oamenii numesc cunoaștere, nu este adevărata cunoaștere. Valoare cunoștințelor umane este supraevaluată. Nu știm nimic cu adevărat. Tot ceea ce știm este o adunătură de cuvinte. Cunoștințele umane sunt formate în felul următor: oamenii observă procesele naturale, după care le dă un nume diferitelor stadii pe care le identifică (după metode arbitrarii). Și așa oamenii spun că știu cum apare un măr, însă nimeni nu știe de fapt. Nimeni nu poate explica cum se întâmplă că o sămânță căzută în pământ devine un copac care înflorește primăvara; și că acele flori, în urma polenizării, se transformă în mod miraculos într-o minge verde minusculă, care în cele din urmă crește într-un fruct dulce din care oameni și animale își pot trage nutriția. Multă lume ar putea spune ceea ce tocmai am spus eu. Alții ar putea descrie acest proces într-un limbaj științific, însă nimeni nu poate spune de ce se întâmplă în felul acesta. O zicală Zen spune în felul următor: „Poate că doriți să întrebați de unde vin florile, însă nici Zeul Primăverii nu știe".

Cunoștințele, în ziua de azi, și-au pierdut mult din importanță. Indiferent de câte informații ați adunat de-a lungul anilor, chiar de-a lungul vieții, ele nu se pot compara cu vastele resurse care pot fi accesate, fără pic de efor, de un pre-școlar cu o conexiune la internet. Cunoașterea relativă a fost externalizată în tehnologie, gata să fie accesată de oricine, oricând, fără a necesita o colectare laborioasă anterioară. Acest lucru este de un ajutor nemaipomenit unora, care nu se mai pot identifica atât de ușor cu cele cunoscute de ei. Acestea și-au pierdut valoare în ochii lumii care poate afla răspunsul la orice întrebare, în orice moment, introducând-o în telefonul mobil. Adevărata cunoaștere, înțelepciunea, nu are nimic de-a face cu conţinutul mental, cu produsul ştiinţei. Înţelepciunea operează în ciuda lucrurilor cunoscute, nu datorită lor. Înţelepciunea se arată celora care şi-au dat la o parte preaiubitele convingeri şi iluzia cunoştinţei.

Nu vreau să denigrez cunoştinţele generate prin cercetare ştiinţifică, este importat, însă, să nu uităm de relativitatea lor. Mulţi dintre noi, în gând sau în conversaţiile cu alte persoane, recităm tot felul de descoperiri, ştiinţifice sau personale, cu convingerea că ele reprezintă un adevăr absolut. Poate de aceea ne aflăm în tot felul de discuţii aprinse de una şi despre altă chestie aleatorie şi neimportantă. Este puţin amuzantă descoperirea că, în abandonarea căutării filozofice a absolutului, am ajuns să acceptăm tot felul de trivialităţi şi nimicuri ca afirmaţii absolute. Cunoaşterii relative trebuie să-i fie accentuată relativitatea, în ciuda utilităţii sale evidente din ziua de azi. Probabil că din cauza pierderii religiei şi astfel, rolului pe care l-a avut în viaţa oamenilor, societăţile moderne se aşteaptă ştiinţa să le răspundă cele mai grele şi lunecoase întrebări. Din păcate, ştiinţa nu poate răspunde la întrebări de genul „cine sunt?", „pentru ce sunt aici?"/„care este scopul vieţii mele?" cu o mai mare reuşită decât au făcut-o religiile până acum.

De fapt, ştiinţa vă poate desconsidera şi trânti de pământ într-un mod foarte plin de tact. Ea vă poate spune că nu sunteţi nimic mai mult decât un accident, un aranjament improbabil şi nefericit de particule, într-un univers mai degrabă haotic şi lipsit de orice inteligenţă. Aşadar, prognoza viitorului dumneavoastră este tristă şi jalnică. Dar această viziune nu este decât un mit, nu mult diferit de mitul lui Adam şi Eva, însă mult mai descurajator. Cum aţi crezut în primul mit până acum, tot așa credeți și în alterativa sa jalnică. Crezând în oricare dintre ele, însă, nu schimbă cu nimic adevărata stare a lucrurilor, numai experiența dumneavoastră.

Despre memorie

În cea mai mare parte, folosim memoria pentru amintirea experienţelor neplăcute. Credem că prin amintirea cu grijă a circumstanţelor şi detaliilor suferinţei, putem să o detectăm şi să o evităm în viitor. Oare funcţionează? De fapt, folosirea memoriei în acest scop creează mai multă suferinţă. Creează anxietate, frică, agresivitate, tristeţe şi chiar disperare şi depresie. După cum am văzut în discuţia anterioară despre realitatea gândurilor şi sentimentelor, gândurile şi sentimentele negative aduc mai multe experienţe negative. Îngrijorarea este ca un ecou în mintea dumneavoastră. Chiar vă ajută cu ceva că vă îngrijoraţi de una şi de alta? Puteţi întreba, „cum altcumva aş putea învăţa dintr-o experienţă negativă dacă nu îmi tot derulez filmul întâmplării în cap?" — eu vă spun, rulaţi-l o dată, luaţi ce este folositor şi apoi lăsaţi-l în pace, uitaţi-l. Serios vorbesc, lăsaţi-l în pace!

Aţi văzut cumva vreodată vreun copac panicându-se la începutul toamnei? Ţipând şi urlând în încercarea deşartă de a-şi păstra frunzele? Dacă ne uităm puţin mai îndeaproape la situaţia copacilor, vedem că adevărul despre ea nu este atât de trist pe cât poate părea iniţial. Frunzele cad pentru că prezintă riscul de a îngheţa la temperaturi scăzute din cauza conţinutului mare de apă şi izolaţiei slabe, aspecte care erau chiar de dorit în timpul verii. Dacă frunzele ar îngheţa în timp ce încă sunt pe copaci, acest lucru ar putea duce la îngheţarea sevei şi, deci, la moartea copacului. Aşadar, pentru a preveni acest lucru, atunci când frunzele cad, punctele de conexiune între ele şi copac sunt astupate astfel încât copacul să fie protejat de îngheţ.

Deci, de ce ați crede că situația ar fi diferită atunci în suferiți ceea ce dumneavoastră numiți o pierdere? Defectarea autoturismului dumneavoastră chiar înainte de a pleca în concediu poate fi o situație teribil de enervantă, dar cum ar fi dacă ați ști că dacă nu s-ar fi defectat, ați fi fost implicat într-un accident? Vedeți, nu există vreun mod în care să cunoașteți toate implicațiile unui eveniment. Doar în mod retrospectiv putem uneori descoperi cum acel curs enervant de plictisitor și desemnat inutil din facultate, sau acea persoană cu care v-ați întâlnit întâmplător în al doilea drum către supermarket din cauza faptului că ați uitat să cumpărați pâine, ajunge să vă schimbe cursul vieții în mai bine. Oricât de mult am dori să credem în evenimente izolate și lucruri independente, realitatea este așa cum este. Potrivit, doar, percepției dumneavoastră, experiența vă va fi diferită. Așadar, nu plângeți după frunzele pierdute și permiteți-vă să dați noi roade.

Memoria nu este exactă. Ea înregistrează doar o fracțiune din cele întâmplate. Reacția dumneavoastră emoțională, percepția și starea dumneavoastră în momentul aducerii aminte, toate au rolul de a personaliza și distorsiona amintirea celor întâmplate. Dacă întrebați zece oameni despre un același eveniment pe care l-au trăit, veți primi zece răspunsuri diferite, unele dintre ele chiar contradictorii. De ce credeți că se întâmplă aceasta?

Despre relații

Pentru a exista o relație, este nevoie de doi. Dar, la fel cum dumneavoastră vă trageți din, și sunteți inseparabili de acest univers, la fel și aproapele dumneavoastră. Amândoi sunteți una cu celălalt și cu universul. Ce înseamnă aceasta? Doi sunt una. Dumneavoastră sunteți celălalt și celălalt este dumneavoastră pentru că amândoi sunteți universul. Acum, poate că sună puțin ciudat — și scuzați repetiția — dar acest fapt este esențial. Dacă înțelegeți cele spuse, ce problemă ați mai putea avea? Dacă înțelegeți că acest corp este universul, cu alte cuvinte, că trupul dumneavoastră este ceea ce face universul acum, în locul în care vă aflați, de ce v-ar putea fi frică? Orice lucru de care v-ar putea fi frică este dumneavoastră, orice lucru pe care l-ați putea iubi este dumneavoastră, orice lucru pe care l-ați putea urî este dumneavoastră...

Aveți totuși o alegere cu privire la acest lucru, o alegere care ar putea face o diferență enormă, nu numai pentru dumneavoastră, ci și pentru dumneavoastră — nu doar pentru trupul dumneavoastră, ci și pentru ale celor din jur. Universul este într-o continuă expansiune. Se extinde. Dumneavoastră vă extindeți, ceea ce înseamnă că nu puteți extinde decât ceea ce sunteți. Dacă sunteți frică, ură, neajuns, veți extinde aceste lucruri. Alegerea dumneavoastră stă în acceptarea sau neacceptarea adevăratei dumneavoastră identități, în asumarea responsabilității pentru starea lumii, sau rămânerea în puținul pe care l-ați cunoscut și până acum, experiența sărăcăcioasă a victimei vieții.

Acum veți putea spune, „Bun, te cred, dar cum rămâne cu oamenii ceilalți, cu cei răi?". Păi, ca să fiu sincer, dacă puneți o asemenea întrebare nu ați înțeles mai nimic. Și de ce ați avea nevoie să credeți ceva? Este destul că ați auzit mesajul, iar responsabilitatea dumneavoastră este să-i verificați validitatea. Și când spun *responsabilitate*, vreau să vă spun să încetați să vă bazați pe alții ca să vă învețe vreun sistem pe care să-l memorați și mai apoi să-l citați în mod compulsiv celor din jurul dumneavoastră care par să nu se conformeze lui. Doar foarte rar acest lucru poate să ducă la ceva pozitiv. Oare nu am învățat nimic din atâtea milenii de religie organizată? Un mod cert de a înstrăina pe cineva este de a încerca constant să-l schimbi. În același timp, rețineți că cel mai clar mod de a-ți arăta iubirea este de ai lăsa pe cei dragi să-și comită propriile greșeli.

Despre smerenie

Adevărata smerenie nu constă în identificarea cu săraca persoană neajutorată. Adevărata smerenie constă în absența ego-ului, absența oricărei definiții a ceea ce sunteți. Aceasta nu se poate întâmpla decât aceluia care își cunoaște adevărata identitate. Sunteți ceea ce sunteți indiferent de prezența sau absența ego-ului. Egoul nu schimbă nimic altceva decât propria dumneavoastră experiență. Când lăsați egoul deoparte veți vedea pe toți ceilalți la fel ca, și una cu dumneavoastră. Nu veți vedea oameni, copaci, animale, ci veți vedea viață. Viață care face o imensitate de lucruri, într-o imensitate de moduri, într-o imensitate de locuri.

Oamenii cred în mod obișnuit că ei, sau ca să fiu mai specific, imaginea pe care o au despre cine sunt este cea care lucrează, realizează, reușește, învață, iubește, însă acest lucru nu poate fi mai neadevărat decât atât. Toate aceste lucruri se întâmplă în mod natural, iar egoul culege laurii pentru ele. Însă, după cum am văzut anterior, egoul nu este nimic mai mult decât o mână de identificări cu forme și acțiuni, este o entitate artificial construită, total inexistentă. Atunci când este crezută ca fiind reală, pare să pună stăpânire pe forța vitală și să o folosească în concordanță cu propria natură, cauzând răni, temându-se de pierderi, adunând mizerii... Nu este chiar așa. Forța vitală este cea care o construiește, ea este cea care îi dă putere și tot ea este cea care acționează într-un mod limitat prin constrângerile imaginate ale ego-ului. Tot forța vitală este cea care descoperă irealitatea fundamentală a ego-ului și, ca rezultat, se dezleagă de el, fiind liberă să se exprime complet, conform naturii sale.

Îndepărtarea ego-ului nu se poate face prin forţă. Orice acţiune de acest gen izvorăşte din adâncurile ego-ului. Şi astfel orice acţiune de acest gen serveşte la întărirea iluziei identităţii limitate. Smerenia nu este ceva de practicat. Smerenia este o stare de înţelegere. Cel cu adevărat umil nu ştie nimic despre smerenie, el nu o practică. S-ar putea ca alţii să-l catalogheze ca smerit, însă el doar este. Smerenia adevărată constă în exprimarea liberă a forţei vitale, fără intervenţia eului limitat. Soarele, care nu aşteaptă mulţumiri pentru lumina sa, este cu adevărat smerit, pământul, care nu aşteaptă recunoştinţă pentru uimitoarea lui capacitate de creaţie şi susţinere a vieţii, este cu adevărat smerit. Când există cineva care să fie smerit, un *eu* care să *facă* umilinţa, acela este egoul în căutarea mult necesară a susţinerii identităţii sale atât de nesigure, perpetuu în proces de disipaţie.

Despre religie și spiritualitate

Doresc să fac aici o distincție clară între religie și spiritualitate. Spiritualitatea este o călătorie naturală la care pornim în căutarea adevărului. Religia organizată nu este nimic mai mult decât un grup de indivizi care își consolidează unul altuia convingerile. Se întrunesc în jurul unui set de principii cu care defilează mândri. Se identifică cu grupul lor. Există o oarecare siguranță care poate fi conferită de un număr mare de persoane, însă aceasta este totuși construită și susținută în mod artificial. Bineînțeles, aici nu îi excludem pe atei care, deși susțin niște idei total opuse, ei totuși prezintă proprietăți similare.

Religia, în special Creștinismul, are potențialul de a inculca un fel de frică de a trăi, frica de a face vreo greșeală care ar putea afecta în mod negativ viața de apoi. Ateii, în schimb suferă de o anxietate extremă cu privire la faptul că există posibilitatea de nu reuși în această, singură viață. Unul se teme de natura vieții viitoare, altul de natura vieții actuale, iar teama insuflă un fel de paralizie.

Spiritualitatea, pe de altă parte, o consider ca fiind totalmente în slujba descoperirii adevărului. Poate lua forma devoțiunii, sau orice altă practică spirituală, însă țelul nu este niciodată în viitor, în rezultatul practicii. Religia organizată este, probabil, răspunsul ego-ului la căutarea adevărului. Nu intenționez să denigrez practicile religioase pentru că ele pot fi de o frumusețe nespusă, dar vreau să fac diferența dintre ele și practicile spirituale. Scopul practicii spirituale este întotdeauna aici și acum, pe când cel al practicii religioase este întotdeauna undeva în viitor, mâine, luna viitoare sau viața următoare. Spiritualitatea adevărată vă duce la eternitate, religia vă duce la biserică. Nu lăsați spiritualitatea să devină doar religie pentru dumneavoastră.

Despre adevăr

Puteți cunoaște adevărul doar în măsura în care vă eliberați de convingeri, identificări, noțiuni despre bine și rău, opinii, dorințe egoiste. Mă veți întreba, „ce va rămâne dacă fac asta?", „voi dispărea în neant?", „mă voi dizolva într-un fel de ghiveci?", „ce se va întâmpla cu lumea?". Lumea, așa cum o știți, va dispărea, dar atunci doar veți putea vedea lumea așa cum este ea de fapt și așa cum a fost din totdeauna. Veți pierde lumea problemelor, neajunsului, pierderii, zbaterii, fricii și veți câștiga lumea bucuriei, abundenței, păcii, iubirii, compasiunii, încrederii. Oare merită afacerea?

Experiența adevărului nu constă în acumularea unui set corect de convingeri și viziuni asupra lumii, nu constă în dobândirea unor informații corecte. Adevărul poate fi experimentat doar fiind ca nou, fără noțiuni preconcepute despre cum ar trebui să arate, fără șabloane prin care să vă uitați la el. Orice conținut mental păstrat cu grijă și drag va denatura, fără excepție, experiența adevărului. Nu poate schimba realitatea lui, însă. Acela care va avea curajul să renunțe la convingeri, să dea deoparte orice împotrivire, să rămână gol, să privească în față frica de umbla pe aer, fără vreo fărâmă de pământ ca susținere sub picioare, acela va vedea adevărul. Aceasta este adevărata însemnătate a unei minți deschise, o minte care reflectă lumea așa cum este ea, nu cum este interpretată prin prisma gândirii condiționate.

Întotdeauna, totul este aici și acum

Nu pot să închei decât cum am și început, prin a vă spune că nu este nimic ce trebuie obținut, nimic ce trebuie adăugat dumneavoastră pentru a fi complet. Sunteți complet acum, exact așa cum sunteți. Singura diferență este că s-ar putea să nu fiți pe deplin conștient de acest lucru. Sunt eu pentru dumneavoastră și vă stau la dispoziție să vă amintesc de acest lucru de fiecare dată când aveți nevoie.

Sper că ați învățat să cercetați orice vi se prezintă, nu într-un mod paranoic, ci ca rezultat al înțelegerii că nimic din ce este pus în cuvinte nu poate vreodată să exprime ceea ce este cu adevărat. La fel cum cuvântul *copac* sau o poză, sau memoria unui copac nu este copacul, în același fel orice s-ar putea spune despre adevăr, nu este adevărul.

Nu păstrați niciun fel de noțiune, concept sau convingere, nu vă împovărați cu genul acesta de îndeletniciri. Doar vă vor face rigizi, și țineți minte că vântul poate scoate din rădăcini copacul puternic și apa poate sculpta cea mai dură piatră. Rigiditatea, consecvența de dragul consecvenței nu este o virtute, oricât de mult ar vrea unii să susțină acest lucru. Adevărata virtute este să fiți dumneavoastră înșivă, nu jalnicul și micul ego, ci adevăratul eu.

Fiți aici, în acest moment. Faceți acest lucru pentru că înțelegeți că nu puteți fi niciunde altundeva. Gândurile despre trecut sau îngrijorările și planurile cu privire la viitor, toate se petrec acum. Fiind aici, acum, nu este o îndeletnicire. Este deja un fapt, iar o atitudine de îngăduință, de acceptare, este ceea ce îl va face evident.

PARTEA a II-a - Către încredere

Introducere

Mă găsesc scriind aceste rânduri din cauza unui sentiment de dezamăgire și, în același timp, din cauza unei mari uimiri când văd cât de ușor au acceptat oamenii o viziune atât de distorsionată asupra vieții, pentru care îl iau drept răspunzător, măcar in parte, pe „salvatorul" lor, Isus Cristos.

Noi experimentăm viața în mod direct doar în momente extrem de rare. O percepem, mai degrabă prin credințele și convingerile noastre, care sunt în permanență întărite prin veșnicele încercări de a ni le demonstra nouă înșine și, mai ales, celor din jurul nostru. Problema este că, atunci când căutăm justificări credințelor noastre, pornim un proces foarte atent de selecție a evenimentelor din viața noastră și de interpretare a cuvintelor astfel încât, credințele noastre, în loc să le fie *testată* validitatea, căutăm mai degrabă să le *demonstrăm* validitatea. Așadar, interpretăm Biblia, și cuvintele lui Isus așa cum ne convine nouă, așa cum credem noi că ne este cel mai util.

Cum îndrăznesc să spun așa ceva?!

Păi, foarte simplu! Ia numai uitați-vă la cât de suspecte - ca să fiu extrem de îngăduitor - au fost nenumăratele lucruri făcute în numele lui Dumnezeu, al lui Isus, sau al bisericii de-a lungul creștinătății; inchiziția, cruciadele, izolarea oamenilor, utilizarea deplorabilă a cuvântului „erezie", instituționaliza-rea vinovăției și a insuficienței, și multe altele.

Dar nu susțin că acestea s-au întâmplat din vina creștinismului, să ne înțelegem. De fapt, cred că oricare ar fi fost religia prezentă in viața europenilor din acele vremuri, nu ar fi făcut vreo diferență cu privire la acțiunile lor, atât că justificarea pentru ele ar fi fost diferită. Ba chiar ne și putem imagina un ev mediu - numit foarte afectuos, „era neagră" - laic, în care folosindu-vă intuiţia aţi putea ajunge arşi pe rug, unde necredinţa în Big-Bang v-ar putea duce la umilinţe şi torturi publice până când aţi recunoaşte că sunteţi vinovaţi de erezie, unde neavând un plan foarte bine pus la punct cu privire la întreaga dumneavoastră viaţă ar fi considerată vrăjitorie, unde o naţiune ar invada altele doar pentru că nu îi împărtăşesc valorile economice, politice, morale... Ups! Vai, am mers prea departe? Nu mai sună atât de fictiv, aşa este? Ne oprim aici pentru că nu acesta este subiectul cărţii.

În cele ce urmează ne vom uita la înţelepciunea atemporală faţă care am ales în mod sistematic să ne facem orbi, pe care am ales să o ignorăm din pricina nevoii noastre arzătoare de a ne simţi justificaţi în acţiunile noastre egoiste şi în falsa noastră senzaţie de merit. Vom redescoperi învăţăturile unuia dintre cei mai mari maeştri spirituali, privindu-le cu ochi noi. Vom vedea modul greşit în care au fost interpretate şi, în special şi mult mai important, adevăratul lor sens.

În vremea în care a fi predicator sau preot este o slujbă cu normă întreagă, cel care deţine o asemenea poziţie este îndemnat să-şi caute clienţi pe termen lung. Din postura lor de ghizi temporari au fost transformaţi în animatori, vânzători de bilete şi chiar agenţi imobiliari „cereşti". Au încetat să mai lucreze spre binele nostru, chiar dacă unii dintre ei încă au convingerea că o fac. Ei nu mai urmăresc să ne împuternicească şi să ne promoveze independenţa, cu alte cuvinte, să ne ridice şi să ne înveţe să stăm tari pe propriile picioare, ci doresc a fi cârjele noastre permanente. Vindecarea completă nu este ţelul lor, doar în cazuri izolate se mai crede încă în vindecare. Filozofia lor este dependenţa, medicaţia perpetuă. De aceea în biserici vedeţi în mare parte aceiaşi oameni.

Ceea ce urmează nu este o predică obișnuită. Intenția nu este de a vă învinovăți, de a vă obliga să vă căiți, să vă simțiți mâhniți din cauza greșelilor dumneavoastră, să vă cereți scuze pentru existența dumneavoastră, sau să vă cer să vă schimbați. Nu. Ceea ce urmează este scris în spiritul predicii de pe munte, o reamintire cu veselie a adevăratei dumneavoastră poziții și valori în acest univers.

Ceea ce urmează nu este un monolog, nu este o listă de lucruri pe care trebuie să le faceți, nici măcar pe care trebuie să le memorați, ci este un dialog. Necesită participarea, interesul, curiozitatea și conștiinciozitatea dumneavoastră. Nu va fi o întreprindere simplă. Aceasta nu este o carte pe care să o citiți pentru a vă destinde, nu v-ar plăcea-o, cred că ați descoperit asta deja. Această carte urmărește demolarea a tot ceea ce părinții dumneavoastră, învățătorii, societatea, religia și chiar ceea ce dumneavoastră înșivă ați încercat din răsputeri să vă inculcați. Cred însă că dacă ați trecut prin necazul ne a ajunge până aici, posedați ceea ce este nevoie pentru ca această întreprindere să dea rod și am completă încredere în ceea ce v-a adus aici, acum.

În continuare, nu vă așteptați la vreun câștig din faptul că veți termina de citit această carte. Valoarea acestei cărți nu stă în acumularea de noi informații, ci în cercetarea dumneavoastră sinceră. Tot ce se citește poate fi cunoscut, nu doar în mod conceptual, ci ca experiență intimă și înțelegere deplină. Așadar, nu încercați să rețineți nimic, nu încercați să experimentați nimic, nu încercați să înțelegeți nimic. Ceea ce va trebui să fie memorat, va fi memorat, ceea ce va trebui să fie experimentat, va fi experimentat și ceea ce va trebui să fie înțeles, va fi înțeles la timpul său. Tot ceea ce va trebui să vedeți vă va fi înfățișat. Aveți încredere în asta. După cum spune Biblia în Efeseni: „Căci prin har aţi fost mântuiţi, prin credinţă. Şi aceasta nu vine de la voi, ci este darul lui Dumnezeu.”

CAPITOLUL 5
Esența mesajului

Cea mai simplă învățătură

Dacă ar fi să dau o învățătură simplă, ea ar fi asta: lasă toate conceptele, preconcepțiile, ideile despre cum ar trebui să fie lucrurile, cunoștințele... lasă-le pe toate deoparte și permite-ți să fii învățat din nou, de la zero. Nu de mine. De nimeni din exterior, ci de înțelepciunea ce zace deja în tine. Las-o să se manifeste, las-o să te învețe. Atât! Asta e tot.

Nu ai nevoie de cineva să ți-l dea pe Dumnezeu. Doar că nu te uiți unde trebuie și asta trebuie să ți se semnaleze. Îl cunoști pe Dumnezeu cu adevărat, doar că nu-l bagi în seamă. Nu-i așa că-i amuzant? E chiar aici dar îl ignori. Ființa ta îl cunoaște, ființa ta îl vede dar tu îl ignori. Sau, mai degrabă ignori această cunoaștere și această vedere. Nu trebuie să faci ceva hocus-pocus, ci doar să te uiți.

Ideea că Dumnezeu trebuie să fie în vreun fel anume te împiedică să-l vezi. Te aștepți sa fie un bărbat cu barbă alba, bun, milostiv dar dur și răzbunător șamd. Ți-ai format un șablon și te uiți prin el încercând să-l găsești pe Dumnezeu. Pai nu ai cum! Îți va eluda tot timpul căutările.

Obișnuința noastră de a tranzacționa cu idei, concepte complexe, ne face să nu putem înțelege simplitatea. Simplitatea ne este străină, ba chiar aproape că ni se pare ireală, neadevărată. Simplitatea este cea mai aproape de ceea ce este, ceea ce este cu desăvârșire, iar noi o considerăm ireală sau cel puțin dubioasă. Îi dăm nume misterioase de felul spiritualitate, misticism, ceva bau-bau, neobișnuit doar ca să nu fim în pericolul de înțelege, de a ne înțelege natura.

Spunem "eu sunt obișnuit, spiritualitatea e neobișnuită, și deci nu e pentru mine. Nu am cum să o înțeleg." Dar nu e nimic complicat de înțeles și tocmai asta ne induce în eroare, tocmai asta ne face să credem că e ceva de neatins. Noi căutam ceva complicat, ba chiar mai complicat decât viața noastră zilnica - despre care se pot spune multe, însă nu vreau sa deraiez de la subiect - iar înțelepciunea mistică e ceva extraordinar de simplu, extraordinar și simplu.

Țineți minte imaginea cu șablonul? Avem un șablon de care ținem foarte strâns pe nume spiritualitate, foarte, foarte complex, fapt ce se poate vedea în religiile pe care le practicăm. Avem impresia ca trebuie sa facem cine-știe-ce ritualuri și trebuie să trecem prin nu știu câte procese de purificare ca să ajungem de abia să-l vedem sau să experimentăm pe Dumnezeu. Nimeni nici nu îndrăznește să viseze că poate să-l cunoască direct. O viziune, hai să zicem! Poate o bătaie cu nuiaua căci ne e frica de Dumnezeu. Noi nu îl iubim cu adevărat. Ne e frică de el pentru ca îl credem mai puternic decât noi. Ne e frică de el pentru că nu îl cunoaștem.

Dumnezeu sau despre Dumnezeu

Îl tratăm pe Dumnezeu ca pe un inside joke (un lucru despre care cu toții am hotărât că nu trebuie explicat). Cu toții vorbim despre el, cu toții sunt gata să mărturisească despre el, mulți de abia așteaptă să-ți spune ce-i place și ce nu-i place lui Dumnezeu; mai ales ce nu-i place să faci și în special dacă tu faci acel lucru. Toți spun: "Știi tu... Dumnezeu e așa și pe dincolo... știi tu doar despre cine e vorba. E vorba despre Dumnezeu! Toată lumea știe cine e Dumnezeu." Serios?

De ce spun că e ca un inside joke? Pentru că toată lumea vorbește *despre* fără a spune clar și răspicat cine este Acel despre care se vorbește, pentru că se presupune că toată lumea îl cunoaște în mod intim. Așa să fie oare? Într-adevăr, poate că acest inside joke a început într-un grup de cunoscători adevărați, dar a ajuns să fie adoptat de cei care nu voiau să se simtă lăsați pe dinafară. Așa vorbește lumea astăzi despre Dumnezeu. Lumea l-a uitat pe Dumnezeu, însă vai cât de cunoscători sunt despre Dumnezeu și cât de bine îi știu ei tabieturile.

Spui, Dumnezeu e așa și pe dincolo. Lui Dumnezeu îi place asta, lui Dumnezeu nu-i place asta. Asta o face Dumnezeu, cealaltă o face diavolul. Dumnezeu este bun, rău este diavolul... se poate continua la nesfârșit, însă nu știu dacă observați că trăgând linie în felul acesta în univers, ce facem noi este să îl delineăm pe Dumnezeu.

Spunem că Dumnezeu e absolut, că el este tot, dar cum poate fi în momentul în care noi susținem cu îndârjire că unele lucruri nu sunt? Adică, dacă Dumnezeu e tot, cum poate exista ceva în afară de el? El va fi și fericirea și suferința. El va fi și sublimul și grotescul, și iubirea și dezinteresul. Însă noi vrem neapărat să tragem o linie, să-l punem pe Dumnezeu pe de-o parte și pe diavol pe cealaltă, iar pe noi înșine, evident, în mijloc căci avem și bune și rele.

Ce egocentrism, nu? Să ne punem la mijloc... Satana, Dumnezeu, hai bateți-vă pentru noi! Și pe de altă parte, de ce o ființă complexă formată din bine și din rău nu ar fi mai presus decât un bine sau un rău absolut? Să nu mai vorbim de faptul că nu ar putea exista în același timp un bine și un rău absolut pentru că Absolut, prin definiție, ar putea fi doar Unul.

Dacă Dumnezeu e Absolut, și deci, Unul, unde ești tu în toată povestea aceasta? Unde este măria ta sau, după caz, nimicnicia ta? Dumnezeu și tu nu puteți exista în același timp. Când ești tu, ești singur, iar Dumnezeu nu este de găsit. Când Dumnezeu este, nici urmă de tine. Când insiști că tu exiști în afara lui Dumnezeu, cu alte cuvinte, că Dumnezeu nu este și ceea ce ești tu, tu de fapt îl limitezi. Tu, cel care se consideră neîndeajuns de bun, mic și vai de capul lui îl limitează pe Dumnezeu și îl pune într-o cutie. Însă ce cutie poate vreodată să-l cuprindă? Definindu-l îl punem într-o cutie și mai apoi îl căutăm acolo. Nu-i nici de mirare că e de negăsit! De ce? Pentru că tu niciodată nu te uiți la tot și nici nu poți face asta cu privirea obișnuită. Nu poți înțelege Totul cu mintea obișnuită. Cu următoarea întrebare să rămâneți de aici: "Dacă Dumnezeu e tot, cine ești tu?"

Isus deci le-a zis: „Când veți înălța pe Fiul omului, atunci veți cunoaște că Eu sunt și că nu fac nimic de la Mine Însumi, ci vorbesc după cum M-a învățat Tatăl Meu. - Ioan 8:28

CAPITOLUL 6

Piedici în calea cunoașterii lui Dumnezeu

Cunoașterea binelui și a răului

Cunoașterea binelui și a răului este ceea ce ne face orbi față de adevăr, pentru simplu fapt că încercăm să facem distincții acolo unde nu se pot face. Spunem că a zice adevărul e bine, iar minciunile sunt rele și astfel am redus adevărul cu „A" mare la o realitate parțială, l-am adus în tărâmul contrariilor. Însă adevărul nu este acolo pentru că el nu are opus. Cristos nu este acolo pentru că nu există nimic ce nu este Cristos. Ne-am *făurit* propriile noastre standarde a ceea ce este bine sau rău. Aceasta este căderea omenirii înfățișată în Grădina Eden. Ne-am luat asupra noastră sarcina de a decide în ce categorii se încadrează oamenii, lucrurile, evenimentele și chiar propriile noastre acțiuni, și în felul acesta am ajuns să ne înstrăinăm de restul creației. Aceasta este Geneza; noi, oamenii am creat lumea prin diferențierile noastre. Am făcut din *una, multe*, astfel împărțind lumea în bucățele. Ne-am crezut a fi una dintre acele bucățele separate, astfel făcându-ne diferiți și separați de Dumnezeu.

Păcatul originar, așadar, este neînțelegerea (sau înțelegerea greșită) originară cu privire la natura universului. Aceasta este întocmai iluzia separării și independenței noastre de restul; însăși noțiunea de rest poartă pecetea iluziei noastre. De aici se trag toate concepțiile noastre greșite, pentru că noțiunea de *eu într-o parte și restul în cealaltă* a devenit principala noastră ipoteză, cea care stă la baza tuturor acțiunilor și percepțiilor noastre. Nu Dumnezeu ne-a scos afară din Eden, pentru că nu l-am fi ascultat. La început nu exista lege cu sensul pe care îl atribuim azi cuvântului, dar exista natură. Exista natura noastră, căreia ne-am împotrivit, fapt ce a și adus starea noastră de conștientă în care ne aflăm astăzi. Cu alte cuvinte, noi am ales să părăsim Eden-ul, nu am fost forțați.

Eden semnifică natura noastră primară, starea de conștiență dinaintea formării primului gând. În acea stare nici măcar nu ni se năzărise ideea că ar putea exista lucruri separate în lume, de fapt, nu ni se năzărise încă nicio idee. În acea stare nu eram diferiți de mare, de cer, de păsări, de copaci... și nu eram diferiți de Dumnezeu pentru că eram una cu el. Deci, cum ar putea exista legi pe care să le încalci atunci când nu există nimeni care să le instaureze, nimeni care să le impună și, mai ales, nimeni care să le încalce? Așadar, cuvântul „lege" aici trebuie înțeles ca „natură originară". Și nu aș folosi cuvântul „a încălca" pentru că este mai degrabă o creștere afară din acea stare, la fel cum puiul de pasăre iese din ou spărgând găoacea. Cu alte cuvinte, a fost menit să se întâmple lucrul acesta, altfel pur și simplu nu s-ar fi întâmplat.

Știu, doamnelor și domnilor, că un astfel de motiv ar putea fi foarte străin dumneavoastră, poate chiar scandalos, însă veți ajunge să înțelegeți mai devreme sau mai târziu - sper că mai devreme decât mai târziu spre binele tuturor. Aceste tipare de gândire care etichetează afirmația mea drept scandaloasă sunt un rezultat direct al mâncării din pomul cunoașterii binelui și răului.

Dumnezeu a făcut tot ce putem și tot ce nu putem vedea și, dacă vă mai aduceți aminte, a considerat că toate sunt bune. Cu toate acestea, iată-ne pe noi etichetând *parte* din creația lui drept rea.

Ce tupeu pe noi!

Punctul nostru de vedere extrem de limitat din care percepem viața ne face să etichetăm unele lucruri drept bune și altele drept rele. Asta pentru că niciodată nu putem vedea imaginea de ansamblu din acel loc. Deci cum putem să avem încredere în propria noastră judecată? Trebuie că am uitat care ne este locul și rolul în creație. Nu încerc să spun că suntem neînsemnați, sau că ne considerăm mai importanți decât suntem, ci pur si simplu că am uitat ce ne place, ce ne aduce bucurie.

Ne-am luat asupra noastră responsabilitatea - aș putea să zic chiar, povara - de a rândui lucrurile, de a le pune la locul lor, de a îndrepta universul, pentru că din locul de unde privim noi, vedem universul ca fiind stricat, în nevoie gravă de reparații, renovări și modernizări. Ne-am luat asupra noastră, creaturi limitate și separate, responsabilitatea lui Dumnezeu, cea de administrare a universului. Am smuls descrierea postului lui Dumnezeu și am pus-o pe CV-ul nostru. Dar nu suntem fericiți în postura pe care ne-am creat-o și este timpul să ne aflăm adevărata poziție. Această poziție despre care vorbesc nu este o regresiune în locul inițial în care se afla umanitatea înainte, locul dinaintea apariției gândului, cunoștinței și rațiunii, ci unul deasupra a tot ce se poate ști.

Poate vei gândi acum, „Bine, pune-mă pe listă acolo, ce trebuie să fac?" Nimic. *Tu* nu face nimic! Nu face nimic, pentru că orice ai putea face va porni din această stare limitată în care te afli. Oare ce ați făcut până acum a ajutat la ceva? Poate vă întrebați, „Bun, și dacă nu fac nimic, atunci cum voi ajunge să merit lucrul acesta?" Păi, ca să o spun drept și să nu umplu cu ocolișuri, nu o meriți și nu o vei putea merita niciodată. Însăși ideea că trebuie să o meriți vine din credința în păcatul originar, din credința că ați făcut ceva rău și că nu ați ascultat de Dumnezeu.

Aşa că, nimic din ce aţi încerca să faceţi nu că va putea face să meritaţi această descoperire, dar, în acelaşi timp, nimic din ce aţi putea face nu v-ar putea face să *nu meritaţi* lucrul acesta. Înţelegeţi? „Deci, orice aş face o s-o primesc?" Nu. În primul rând, ceea ce faceţi *acum* poate sta în calea acestei descoperiri pentru că vă puteţi ţine ochii închişi. Ceea ce aţi făcut în trecut, însă, nu este niciodată un obstacol. Cum ar putea *ceva ce nu mai este*, care este definiţia trecutului, să influenţeze *ce este acum*? În al doilea rând, nu este nimic ce trebuie descoperit. Aceasta este o stare de fapt, nu ceva ce obţii.

Vinovăția

Ce este cu toată această cultură a vinovăției pe care o protejăm cu așa ardoare? Ni se spune că suntem niște făpturi nenorocite care nu merită nimic, că trebuie să ne zbatem ca să trăim, să ne luptăm din răsputeri pentru a obține ceva de valoare. Cine ne obligă să credem asta? Și la ce bun ne poate duce o asemenea filozofie? Este oare aceasta smerenie? Ne cere Dumnezeu să ne umilim? Îi cere împăratul fiului lui să se închine celor peste care el împărățește?

Suntem atât de des cu capul plecat în atitudinea noastră cu privire la viața noastră, de parcă trebuie să ne cerem scuze că existăm. Avem credința, chiar dacă nu conștientă, adânc înrădăcinată că am apărut pe acest pământ ca urmare a unui accident. Și cât timp suntem aici, trebuie să suferim! Trăim viața unor mizerabile creaturi, damnate să mișune pe suprafața unui pământ față de care se simt străine, fără vreun scop, într-o confuzie deplină și perpetuă. Este aceasta mâna lui Dumnezeu? Credeți cumva că Dumnezeu ar dori ca noi să suferim? De ce ar face una ca asta?

Biblia ne spune în 1 Ioan capitolul 3:

20 ori în ce ne osândește inima noastră; căci Dumnezeu este mai mare decât inima noastră și cunoaște toate lucrurile.

21 Preaiubiților, dacă nu ne osândește inima noastră, avem îndrăzneală la Dumnezeu.

Inima noastră ne osândește. De ce ne condamnăm singuri? Condamnându-ne, suntem condamnați. Condamnându-ne aducem cea mai mare ofensă lui Dumnezeu, care ne vede curați. Poate credeți că sunteți smeriți când o faceți, însă sunteți mai degrabă arogant, jignitor și nerecunoscător. L-am omorât pe Isus pentru că nu ne-am putut accepta originea divină, nevinovăția originară. El a murit pentru ca noi să fim absolviți de vină, nu în ochii altcuiva, ci chiar în ochii noștri. Pentru că cine se condamnă, este condamnat de Dumnezeu.

Numai iertarea (nu folosesc cuvântul „mântuire" pentru că el a ajuns de mult o platitudine și i-am pierdut sensul) poate să vă aducă salvarea. Dar dacă nu vă iertați pe dumneavoastră, nu puteți accepta darul vieții, darul eternității, darul de *acum*. Și în refuzul vieții (a ceea ce este cu desăvârșire acum) suntem lăsați cu grijile zilei de mâine. Suntem lăsați cu întreprinderile noastre lipsite de sens cum ar fi încercarea de a nu ne scăpa aerul din piept (și cu toții știm ce se întâmplă când ne ținem respirația) și de a ne scăpa (iarăși nu am folosit cuvântul „izbăvi", din aceleași considerente) viețile. Pentru că „Oricine va căuta să-și scape viața o va pierde și oricine o va pierde o va găsi" (Luca 17:33). Ce este această pierdere a vieții? Înseamnă predare (acceasi problemă și cu acest cuvânt), sau mai bine, *acceptare*. Acceptarea adevăratei noastre identități. Este renunțarea la nevoia noastră compulsivă de a controla totul și de a „pune lucrurile la locul lor". Lucrurile acestea ne privează de a ne trăi viața pe deplin, și anume faptul că suntem mereu prinși în pregătirile pentru ziua de mâine și nu ajungem vreodată să trăim pur și simplu.

Tot Ioan scrie la începutul aceluiași capitol:

1 Vedeți ce dragoste ne-a arătat Tatăl: să ne numim copii ai lui Dumnezeu! Și suntem. Lumea nu ne cunoaște, pentru că nu L-a cunoscut nici pe El.

2 Preaiubiților, acum suntem copii ai lui Dumnezeu. Și ce vom fi nu s-a arătat încă. Dar știm că, atunci când Se va arăta El, vom fi ca El, pentru că Îl vom vedea așa cum este.

3 Oricine are nădejdea aceasta în El se curăţeşte, după cum El este curat.

4 Oricine face păcat face şi fărădelege; şi păcatul este fărădelege.

5 Şi ştiţi că El S-a arătat ca să ia păcatele; şi în El nu este păcat.

6 Oricine rămâne în El nu păcătuieşte; oricine păcătuieşte nu L-a văzut, nici nu L-a cunoscut.

...

9 Oricine este născut din Dumnezeu nu păcătuieşte, pentru că sămânţa Lui rămâne în el; şi nu poate păcătui, fiindcă este născut din Dumnezeu.

Acum suntem copii ai lui Dumnezeu, nu mâine, nu în viaţa viitoare, *acum*. Aceasta o putem ştii acum, iar ceea ce vine nu ar trebui să ne tulbure. Aceasta este o invitaţie la *încredere*, chiar una de onoare. Încrederea că aşa stau lucrurile ne aduce o mare bucurie, iar când adevărata vedere se va manifesta în dumneavoastră, realitatea acestui lucru vă va fi evidentă. Acela care este fidel naturii sale - şi aici nu mă refer la cumulul de obiceiuri şi dorinţe -, acela nu păcătuieşte. Punct. Nu există niciun păcat pentru acela care îl vede pe Cristos, sau mai degrabă, acela prin care Cristos vede.

Versetul 9 spune: „Oricine este născut din Dumnezeu nu păcătuieşte, pentru că sămânţa Lui rămâne în el; şi nu poate păcătui, fiindcă este născut din Dumnezeu." Oare noi pricepem ce ne transmite fraza aceasta? Nu puteţi păcătui, pur si simplu. Atunci de ce ne condamnăm? Pentru cât timp se va spune despre noi „Tată, iartă-i, căci nu ştiu ce fac"? Până când vom continua să refuzăm darul libertăţii?

Legea și păcatul

Când Dumnezeu a creat universul, nu l-a creat împreună cu un ghid de conduită corectă al omului care trăiește în el. După cum am văzut, mintea noastră este cea care creează distincții în această creație întreagă (desăvârșită). Pavel vorbește exact despre acest fapt în Romani 14 când spune:

14 Eu știu și sunt încredințat în Domnul Isus că nimic nu este necurat în sine și că un lucru nu este necurat decât pentru cel ce crede că este necurat.

...

20 Să nu nimicești pentru o mâncare lucrul lui Dumnezeu. Drept vorbind, toate lucrurile sunt curate. Totuși a mânca din ele, când faptul acesta ajunge pentru altul un prilej de cădere, este rău.

21 Bine este să nu mănânci carne, să nu bei vin și să te ferești de orice lucru care poate fi pentru fratele tău un prilej de cădere, de păcătuire sau de slăbire.

22 Încredințarea pe care o ai, păstreaz-o pentru tine, înaintea lui Dumnezeu. Ferice de cel ce nu se osândește singur în ce găsește bine.

23 Dar cine se îndoiește și mănâncă este osândit, pentru că nu mănâncă din încredințare. Tot ce nu vine din încredințare e păcat.

și apoi iar în 1 Corinteni 6:12 unde spune că „Toate lucrurile îmi sunt îngăduite, dar nu toate sunt de folos; toate lucrurile îmi sunt îngăduite, dar nimic nu trebuie să pună stăpânire pe mine." Doamnelor și domnilor, inima noastră este cea care ne condamnă. Cu alte cuvine, noi înșine ne condamnăm în urma înfăptuirii sau neînfăptuirii vreunui lucru. Bun și atunci ce concluzie să tragem de aici? Eu nu cred că cele citite mai înainte spun „treacă, meargă, poți face ce vrei", promovând astfel un fel de haos anarhic, cum probabil ne imaginăm, ci mai degrabă cere de la noi maturitate spirituală. Vrea să ne transmită faptul că nu prin o înțelegere copilărească, superficială (a nu se înțelege „naiv" - apropo, cum a ajuns un cuvânt care înseamnă „sincer", „natural", „lipsit de prefăcătorie" să însemne „prost" sau „fraier"?), nu prin obediență superficială, nu prin efectuarea vreunui rit, nu prin aderența la vreun crez, nu prin o conduită specială ajungem să fim salvați. Repet, pentru că fraza anterioară a ajuns să fie cam lunga și transmite ceva extrem de important:

Nu făcând ceva anume ajungi să fii salvat.

Legea noastră, conștiința noastră ne condamnă și cu toate acestea suntem atât de loiali ei. Doresc să clarific puțin. Conștiinta (a se deosebi de conștiență, care este abilitatea noastră de a percepe, de a fi sensibil la mediul exterior și interior nouă) nu este altceva decât legea însușită: lucrurile pe care le-am învățat de la părinți, profesori, mentori, preoți, le-am memorat și am ajuns să acționăm, sau măcar să ne judecăm, atât pe noi înșine cât și reciproc, în conformitate cu ele. De ce, totuși, suntem atât loiali legii însușite? Poate din cauză că ne dă ceva de care să ne ținem cu îndârjire. Faptul că *avem impresia că știm* ceva ne dă un sentiment de siguranță, chiar dacă ceea ce *credem că știm* este că nu suntem buni de nimic. În același spirit al legii am luat înțelepciunea lui Cristos și am transformat-o într-o rețetă pentru propria damnare. Este uimitor cât de puțin ne-a luat să facem lucrul acesta! S-a văzut chiar din primele zile ale creștinismului. Evrei capitolul 5 spune așa:

...

11 Asupra celor de mai sus, avem multe de zis şi lucruri grele de tâlcuit, fiindcă v-aţi făcut greoi la pricepere.

12 În adevăr, voi, care de mult trebuia să fiţi învăţători, aveţi iarăşi trebuinţă de cineva să vă înveţe cele dintâi adevăruri ale cuvintelor lui Dumnezeu şi aţi ajuns să aveţi nevoie de lapte, nu de hrană tare.

13 Şi oricine nu se hrăneşte decât cu lapte nu este obişnuit cu cuvântul despre neprihănire, căci este un prunc.

14 Dar hrana tare este pentru oamenii mari, pentru aceia a căror judecată s-a deprins, prin întrebuinţare, să deosebească binele şi răul.

Nu suntem şi noi în aceeaşi stare ca şi mulţimile cărora le vorbea Isus în Matei 13?

13 De aceea le vorbesc în pilde, pentru că ei, măcar că văd, nu văd şi măcar că aud, nu aud, nici nu înţeleg.

14 Şi cu privire la ei se împlineşte prorocia lui Isaia, care zice: 'Veţi auzi cu urechile voastre şi nu veţi înţelege; veţi privi cu ochii voştri şi nu veţi vedea.'

15 Căci inima acestui popor s-a împietrit; au ajuns tari de urechi, şi-au închis ochii, ca nu cumva să vadă cu ochii, să audă cu urechile, să înţeleagă cu inima, să se întoarcă la Dumnezeu şi să-i vindec.

Acest „păcat" de care ne simţim atât de împovăraţi nu este altceva decât înţelegerea noastră greşită. Asta înseamnă păcatul: înţelegere greşită, nu insubordonare! Confundăm vestea bună a salvării cu ameninţarea damnării veşnice. Isus a venit să ne aducă în cer, nu să ne aducă în cer dacă suntem cuminţi. Isus a venit să spulbere legea care ne desparte. Efeseni 2 ne şi spune lucrul acesta:

14 Căci El este pacea noastră, care din doi a făcut unul şi a surpat zidul de la mijloc care-i despărţea

15 şi, în trupul Lui, a înlăturat vrăjmăşia dintre ei, Legea poruncilor, în orânduirile ei, ca să facă pe cei doi să fie în El însuşi un singur om nou, făcând astfel pace,

16 şi a împăcat pe cei doi cu Dumnezeu într-un singur trup, prin cruce, prin care a nimicit vrăjmăşia.

17 El a venit astfel să aducă vestea bună a păcii vouă, celor ce eraţi departe, şi pace celor ce erau aproape.

Voi lua prilejul acesta să vă spun ceva ce poate trebuia să v-o spun mai devreme:

Nu mai citiţi Biblia sau alte texte spirituale ca şi când ar fi ceva mistic, bau-bau, uuuuu, buhuhuuuuu, fantomeeee, magiiiiiieeeeee sau ceva de genul. Vă rog! Nu veţi înţelege nimic dacă faceţi asta. Da, ştiu, modul în care unele texte sunt scrise, limbajul care este folosit parcă ne duce cu gândul că se vorbeşte despre ceva mult prea extraordinar ca noi să putem înţelege. NU ESTE DELOC AŞA. Faptul că aveţi această convingere stă în calea înţelegerii dumneavoastră. Luaţi ce citiţi ca venind de la un frate mai mare care vă vrea binele, dar săracul vorbeşte ca la începutul secolului 20.

Cuvintele sunt ca nişte semne de circulaţie care indică direcţia („Tot înainte pentru fericire"). Poate aţi mai auzit asta până acum, dar oare v-aţi oprit să vă întrebaţi cu adevărat ce înseamnă? Ne este atât de simplu să ne blocăm pe nişte cuvinte pentru că le considerăm a fi lucrurile pe care le desemnează. Adică, luăm cuvântul „apă" ca fiind apa în sine. Aşa că suntem foarte confuzi când auzim odată ceva, altădată altceva cu privire la acelaşi lucru. Poate aţi avut prilejul să experimentaţi asta şi citind această carte. Oare să fie un semn de ipocrizie, minciună, oare am uitat de la mână până la gură că am zis ceva? Toate au același scop: să vă aducă la realizarea Adevărului. Sunt ca niște indicatoare de direcție. Dacă ești la București și vrei să ajungi la Cluj, trebuie să o iei către nord-vest. Dacă ești la Baia-Mare va trebui să o iei înspre sud ca să ajungi la Cluj. Indicatoarele din București nu arată același lucru ca și cele din Baia-Mare. Mint ele cumva? Desigur că nu. Depinde unde vă aflați dumneavoastră. Ele sunt acolo să vă arate direcția către, ele nu sunt orașul Cluj. Înțelegeți?

Rigiditatea este deficiența legii. Nu ia oamenii de unde se află (cum o fac indicatoarele), ci presupune că toți suntem în același loc. Gravăm cuvintele în piatră și ne așteptăm ca toți să se conformeze lor. Această abordare este, probabil, folositoare în înființarea unei societăți, însă după aceea, slujește doar diviziunii ei. Diviziunii *între* oameni și diviziunii *în* oameni. În acest mod, legea devine scuza condamnării unii altora, și chiar și a noastră. Luăm cuvântul scris drept adevăr absolut, însă cum poate adevărul absolut să fie pus în cuvinte? Cu poate ceva ce este *deasupra tuturor* să fie *conținut în ceva*?

În Luca 11, începând cu versetul 37 ni se spune că Isus a fost chemat de un fariseu să mănânce în casa lui. Fariseul s-a uitat cu uimire când Isus nu s-a spălat pe mâini înainte de a mânca, așa cum era obiceiul. În această scenă ne confruntăm cu ipocrizia omului, chiar a unora dintre cei mai învățați și respectați oameni din acea societate. Mulți încearcă doar să dea bine, să arate respectabil, să pară sinceri, pe când viața lor interioară lasă de dorit. Dar ni se spune mai mult decât atât, haideți să vedem:

37 Pe când vorbea Isus, un fariseu L-a rugat să prânzească la el. El a intrat și a șezut la masă.

38 Fariseul a văzut cu mirare că Isus nu Se spălase înainte de prânz.

39 Dar Domnul i-a zis: „Voi, fariseii, curăţiţi partea de afară a paharului şi a blidului, dar lăuntrul vostru este plin de jefuire şi de răutate.

40 Nebunilor, oare Acela care a făcut partea de afară n-a făcut şi pe cea dinăuntru?

41 Daţi mai bine milostenie din lucrurile dinăuntru, şi atunci toate vă vor fi curate.

42 Dar vai de voi, fariseilor! Pentru că voi daţi zeciuială din izmă, din rută şi din toate zarzavaturile, şi daţi uitării dreptatea şi dragostea de Dumnezeu: pe acestea trebuia să le faceţi, şi pe celelalte să nu le lăsaţi nefăcute!

43 Vai de voi, fariseilor! Pentru că voi umblaţi după scaunele dintâi la sinagogi şi vă place să vă facă lumea plecăciuni prin pieţe!

44 Vai de voi, cărturari şi farisei făţarnici! Pentru că voi sunteţi ca mormintele, care nu se văd şi peste care oamenii umblă fără să ştie.”

45 Unul din învăţătorii Legii a luat cuvântul şi I-a zis: „Învăţătorule, spunând aceste lucruri ne ocărăşti şi pe noi.”

46 „Vai şi de voi, învăţători ai Legii”, a răspuns Isus. „Pentru că voi puneţi pe spinarea oamenilor sarcini grele de purtat, iar voi nici măcar cu unul din degetele voastre nu vă atingeţi de ele.

47 Vai de voi! Pentru că voi zidiţi mormintele prorocilor pe care i-au ucis părinţii voştri.

48 Prin aceasta mărturisiţi că încuviinţaţi faptele părinţilor voştri, căci ei au ucis pe proroci, iar voi le zidiţi mormintele.

49 De aceea Înțelepciunea lui Dumnezeu a zis: 'Le voi trimite proroci și apostoli; pe unii din ei îi vor ucide, iar pe alții îi vor prigoni,

50 ca să se ceară de la acest neam sângele tuturor prorocilor care a fost vărsat de la întemeierea lumii:

51 de la sângele lui Abel până la sângele lui Zaharia, ucis între altar și Templu'; da, vă spun, se va cere de la neamul acesta!

52 Vai de voi, învățători ai Legii! Pentru că voi ați pus mâna pe cheia cunoștinței: nici voi n-ați intrat, iar pe cei ce voiau să intre, i-ați împiedicat să intre."

Am tras atenția asupra unor lucruri care le-a spus însuși Isus Cristos. Meditați asupra lor. Nu le voi dezvolta aici, dar luați-le în vedere.

Suntem învățați că trebuie să ne respectăm părinții (cele zece porunci). Atunci cum de Isus a spus „Dacă vine cineva la Mine și nu urăște pe tatăl său, pe mamă-sa, pe nevastă-sa, pe copiii săi, pe frații săi, pe surorile sale, ba chiar însăși viața sa, nu poate fi ucenicul Meu" (Luca 14:26)? Hmmm... Cum de a spus că a venit să aducă dezbinare pe pământ (Matei 10:34)? Isus ne-a arătat că nu există lege mai presus decât adevărul când a făcut multe minuni în ziua de Sabat. Și atunce de ce îi luăm cuvintele și le transformăm în lege? Oare nu facem astfel un nou Sabat?

Singurul păcat este neînțelegerea, faptul că nu suntem conștienți de propria failibilitate. Însă noi considerăm că păcatul este nesupunerea față de lege și facem o lege pe care nimeni nu o poate respecta. Astfel, ne facem păcătoși în proprii noștri ochi. Creăm oportunitatea pentru păcat și pentru propria noastră condamnare. Altă exprimare? Galateni 3:

10 Căci toţi cei ce se bizuie pe faptele Legii sunt sub blestem, pentru că este scris: „Blestemat este oricine nu stăruie în toate lucrurile scrise în cartea Legii, ca să le facă."

11 Şi că nimeni nu este socotit neprihănit înaintea lui Dumnezeu prin Lege este învederat, căci „cel neprihănit prin credinţă va trăi".

12 Însă Legea nu se întemeiază pe credinţă, ci ea zice: „Cine va face aceste lucruri va trăi prin ele."

Încă una? Romani 7:

5 Căci, când trăiam sub firea noastră pământească, patimile păcatelor, aţâţate de Lege, lucrau în mădularele noastre şi ne făceau să aducem roade pentru moarte.

6 Dar acum, am fost izbăviţi de Lege şi suntem morţi faţă de Legea aceasta, care ne ţinea robi, pentru ca să slujim lui Dumnezeu într-un duh nou, iar nu după vechea slovă.

Şi după cum am văzut, condamnându-ne în proprii ochi suntem condamnaţi în ochii lui Dumnezeu. Oare de ce? Cum funcţionează treaba asta? Puteţi vedea o cale de scăpare?

În Evrei 6 este scris:

1 De aceea, să lăsăm adevărurile începătoare ale lui Hristos şi să mergem spre cele desăvârşite, fără să mai punem din nou temelia pocăinţei de faptele moarte şi a credinţei în Dumnezeu,

2 învăţătura despre botezuri, despre punerea mâinilor, despre învierea morţilor şi despre judecata veşnică.

3 Şi vom face lucrul acesta, dacă va voi Dumnezeu.

Am mers spre cele desăvârşite? Sau încă dezbatem când trebuie ţinută cutare sărbătoare, ce trebuie să bem şi să mâncăm, dacă oamenii ar trebui să se poată căsători sau divorţa, şamd? Preferăm ritualurile în loc de acţiunea corectă, preferăm vinovăţia în loc de iertare, zbaterea în loc de predare („relaxare", mai bine), respectul celor din jur în loc de iubirea aproapelui, legea în loc de încredere. Dar acţiunea corectă este a nu ne judeca pe noi înşine şi pe ceilalţi, iertarea este libertate, predarea este trăirea în adevăr, iubirea este natura noastră, încrederea este salvarea noastră.

Evrei 6 continuă:

4 Căci cei ce au fost luminaţi odată şi au gustat darul ceresc şi s-au făcut părtaşi Duhului Sfânt

5 şi au gustat Cuvântul cel bun al lui Dumnezeu şi puterile veacului viitor,

6 şi care totuşi au căzut, este cu neputinţă să fie înnoiţi iarăşi şi aduşi la pocăinţă, fiindcă ei răstignesc din nou, pentru ei, pe Fiul lui Dumnezeu şi-L dau să fie batjocorit.

Unicul scop al legii este să instaureze vinovăţia şi însăşi senzaţia de vinovăţie este ceea ce ne face vinovaţi de răstignirea lui Cristos. Pentru că el a venit ca să ne ierte, iar noi nu ne iertăm, ţinând cu dinţii de legi şi principii care nu servesc la altceva decât diviziunii noastre între drepţi şi nedrepţi. Dar cine poate susţine aceste standarde nenaturale? Nimeni! Aşadar nimeni nu este socotit drept în faţa legii.

Nu este destul de clar mesajul din Evrei? Isus nu a venit să ne dea altă lege, ci iertare. Mesajul lui a fost un mesaj al salvării, dar noi l-am transformat într-un program de „10 paşi pentru a ajunge în rai". Ni se spune iar şi iar că nu prin ţinerea vreunui rit suntem socotiţi drepţi, nu prin ţinerea vreunei tradiţii suntem făcuţi curaţi, dar se pare că în general ne mulţumim cu o înţelegere superficială a mesajului salvării pe care Isus s-a străduit atât de mult să ni-l transmită. Acest lucru se poate vedea foarte clar în nesfârşitele dezbateri pe tema „care este corecta interpretare a ...", în imensa satisfacţie pe care o simţim când facem ceea se crede a fi corect, în loc să fim corecți, așa cum ne-a creat Dumnezeu... așa cum deja suntem.

CAPITOLUL 7
Pași către libertate

Acțiune corectă

Tot ceea ce faceți doar din motivul pentru că dumneavoastră așa credeți că este corect, sau pentru că așa v-a spus cineva că este corect, cu alte cuvinte, tot ceea ce faceți și nu vine în mod natural de la dumneavoastră este păcat. Și păcatul este neînțelegerea. Este evidența confuziei și semnul celor pierduți.

Am fost îndoctrinați într-un mod foarte tacticos să credem că există un singur mod corect de a fi sau de a face ceva și trebuie neapărat să ne conformăm că altfel... vai de capul nostru! Însă nu vom putea niciodată să facem lucrul acesta și de aici vine condamnarea noastră; de la venerarea cuvintelor, de la venerarea dogmelor, doctrinelor și tradițiilor; de la faptul că le conferim cel mai înalt statut, le plasăm mai presus decât a fi autentici, naturali și sinceri.

Din nefericire și din păcate - haha, bună glumă, nu? - preferăm să ne conformăm unui standard arbitrar care își trage validitatea, noi credem, din faptul ca mulți oameni îl respectă și îl cred infailibil, și din cauză, poate, că a rezistat atâta timp (cel puțin toată viața noastră și asta pentru noi e la fel de bună ca eternitatea). Și atunci spunem că așa stau lucrurile și așa trebuie să rămână, pentru că nu știm altceva. Dar se pare că uităm că „largă este poarta, lată este calea care duce la pierzare”... ca să fie cât mai ușor să intre cât mai mulți pe ea. Însă, acel drum duce mai adânc în confuzie. Acesta este drumul pe care vi-l arată orbii, drumul pe care ei îl umblă tocmai pentru că nu există pericolul de a-l pierde. Pot să și doarmă pe drum că nu-l vor putea pierde. În plus, îi au pe toți ceilalți oameni cu ei, prieteni, familie, dușmani - pe care deși nu îi plac, măcar le împărtășesc credinţele - să le amintească cine sunt, ce trebuie să facă şi să le recite cu voce evlavioasă cele zece porunci ale amăgirii lor.

Este dificil când vorbeşti despre acest subiect să nu sune de parcă ai condamna pe cineva. Departe de mine această dorinţă! De fapt, dacă citirea acestor cuvinte v-a făcut să vă simţiţi condamnaţi, aceasta este pentru că dumneavoastră vă condamnaţi, deoarece, probabil, aţi realizat că textul descrie modul dumneavoastră actual de a fi. Şi dacă aş fi fost un predicator sau unul dintre farisei, m-aş fi oprit aici, simţind satisfacţia unei munci bine-îndeplinite; aceea de a vă face să vă simţiţi vinovaţi. Mi-am îndeplinit misiunea de a vă demonstra că nu sunteţi buni de nimic; că aveţi nevoie de mine şi de alţii ca mine.

Pentru ce? Acest joc al vinovăţiei şi al condamnării este doar o strategie de a vă ţine blocat într-o stare de dependenţă; dependenţă faţă de biserică, faţă de comunitate, faţă de „cele vechi". Altfel spus, este o strategie pentru a vă ţine pe aceeaşi cale (cea lată). Şi pe bună dreptate că sunteţi privit cu ochi răi atunci când porniţi pe un drum mai puţin circulat. Cum îndrăzniţi să insinuaţi că mulţimile merg în direcţie greşită?! Cum îndrăzniţi să puneţi la îndoială presupunerile lor delirante?!

Ioan ne-a avertizat cu privire la aceste lucruri şi, din fericire, cuvintele lui au ajuns şi la noi în ciuda multor neînţelegeri grosolane. El a spus, „Nu vă miraţi, fraţilor, dacă vă urăşte lumea", poate amintindu-şi de vorbele lui Isus din Ioan 15:

18 Dacă vă urăşte lumea, ştiţi că pe Mine M-a urât înaintea voastră.

19 Dacă aţi fi din lume, lumea ar iubi ce este al ei, dar, pentru că nu sunteţi din lume şi pentru că Eu v-am ales din mijlocul lumii, de aceea vă urăşte lumea.

20 Aduceţi-vă aminte de vorba pe care v-am spus-o: 'Robul nu este mai mare decât stăpânul său.' Dacă M-au prigonit pe Mine, şi pe voi vă vor prigoni; dacă au păzit cuvântul Meu, şi pe al vostru îl vor păzi.

Nu vă îngrijoraţi dacă se întâmplă aceste lucruri, luaţi-o ca pe o binecuvântare. Este o confirmare că sunteţi pe calea cea bună. Este o confirmare că v-aţi clădit casa pe stâncă. Pot să vină inundaţii, pot să vină furtuni, însă casa dumneavoastră va sta neclintită.

Părăsirea lumii

„V-am spus aceste lucruri ca să aveţi pace în Mine. În lume veţi avea necazuri, dar îndrăzniţi, Eu am biruit lumea."

Ioan 16:33

Ce înseamnă să părăseşti lumea? Ce implică lucrul acesta? Oare înseamnă să te răzvrăteşti împotriva ei? Răzvrătire împotriva căilor ei, legilor ei? Nicidecum. Chiar Isus a spus, să dăm Cezarului ce-i al Cezarului. Nu prin răzvrătire, nu făcând opusul părăsiţi lumea. Dacă faceţi mereu opusul a ceea ce face lumea, atunci sunteţi tot în lume, pentru că tot ea dictează ceea ce dumneavoastră faceţi. Dacă ei aleargă, dumneavoastră umblaţi încet, dacă ei mănâncă, dumneavoastră beţi, dacă ei se trezesc, dumneavoastră vă culcaţi...

A părăsi lumea înseamnă a birui lumea, a o învinge; însă nu prin luptă, nu prin forţă fizică sau psihologică. A birui înseamnă a o depăşi, a vă ridica deasupra ei prin lumina vederii clare, adevărate. Pavel ne reaminteşte în Efeseni capitolul 2:

8 Căci prin har aţi fost mântuiţi, prin credinţă. Şi aceasta nu vine de la voi, ci este darul lui Dumnezeu.

9 Nu prin fapte, ca să nu se laude nimeni.

Păi şi atunci, dacă să încercăm să părăsim lumea în mod activ nu este calea, mai mult, să rămânem nu este o opţiune, ce putem face până la urmă? Vedeţi, din nou punem întrebarea greşită. Totul, întotdeauna este despre mine, mine, mine; eu, eu, eu, eu. Ce trebuie să fac *eu*, ce câştig *eu* dacă fac asta, ce merit *eu*, ce nu merit *eu*... Faptul că tu ai putea face ceva cu privire la depăşirea lumii înseamnă că lucrurile nu sunt deja împlinite, că situaţia nu stă deja aşa. Cu alte cuvinte, această atitudine implică faptul că adevărul *nu este*, cel puţin *nu încă*. Se poate una ca asta? Cu toate acestea, Isus vorbeşte despre o cale. Nu este o cale pe care o umblați, este un mod în care *sunteți*. Un mod în care *deja sunteți*. El spune în Ioan 14, versetul 6: „Eu sunt Calea, Adevărul și Viața. Nimeni nu vine la Tatăl decât prin Mine." Continuă, astfel:

10 Nu crezi că Eu sunt în Tatăl și Tatăl este în Mine? Cuvintele pe care vi le spun Eu, nu le spun de la Mine, ci Tatăl, care locuiește în Mine, El face aceste lucrări ale Lui.

11 Credeți-Mă că Eu sunt în Tatăl și Tatăl este în Mine; credeți cel puțin pentru lucrările acestea.

12 Adevărat, adevărat vă spun că cine crede în Mine va face și el lucrările pe care le fac Eu; ba încă va face altele și mai mari decât acestea, pentru că Eu mă duc la Tatăl:

13 și orice veți cere în Numele Meu, voi face, pentru ca Tatăl să fie proslăvit în Fiul.

14 Dacă veți cere ceva în Numele Meu, voi face.

Atenție! Cristos nu spune „Eu voi fi". În Ioan 10 ne spune că oricine nu intră pe ușă în staulul oilor, acela este un hoț și un tâlhar și că „Eu sunt ușa". Acest *eu sunt* este lumina adevăratei vederi, este Conștiența Cristică nepătată. Poate că sună foarte pompos, dar la asta se ajunge când încercăm să ne folosim de cuvinte pentru a numi ceva ce nu se poate numi. Să revenim dar... Prin această Conștiență, și doar prin ea, putem vedea clar, doar prin ea putem judeca drept, doar prin ea suntem în rai.

Poate acest pasaj ne duce cu gândul la cei care ar vrea să ne inducă în eroare spre un folos propriu, însă suntem asigurați că nimeni nu poate să-i ia turma cu forța, nimeni nu poate să ne priveze de dreptul înnăscut de a locui în împărăția cerului. Așadar, nu ar trebui să ne fie frică de cei care vând amăgiri (Ioan 10:1-5, 28-30).

Isus continuă în Ioan 14:

2 În casa Tatălui Meu sunt multe locaşuri. Dacă n-ar fi aşa, v-aş fi spus. Eu Mă duc să vă pregătesc un loc.

3 Şi după ce Mă voi duce şi vă voi pregăti un loc, Mă voi întoarce şi vă voi lua cu Mine, ca , acolo unde sunt Eu, să fiţi şi voi.

4 Ştiţi unde Mă duc şi ştiţi şi calea într-acolo.

Calea a fost făcută accesibilă pentru noi. Pentru fiecare dintre noi, în parte, nu doar unei singure religii, nu doar unei singure secte sau unui singure aşa-numit „om sfânt", ci fiecărui individ. De ce continuaţi cu îndârjire să vă uitaţi într-afară? Cine ar putea să vă deschidă calea către interiorul dumneavoastră? Dacă Isus a spus că deja ştim calea, atunci de ce dumneavoastră decideţi să-i ignoraţi cuvintele şi să continuaţi să căutaţi mai multe informaţii?

Putem să tot aşteptăm a doua venire a lui Isus în carne şi oase... Dar ce garanţie aveţi dumneavoastră că îl veţi recunoaşte? De unde ştiţi că el nu a şi venit deja? Poate veţi spune, „Păi, mă voi uita după un om alb cu barbă şi păr lung". Aceasta e imaginea lui Isus pe care o au cei mai mulţi dintre creştini. Eu vă întreb, nu putea oare să fi fost unul dintre hipioţi? Poate îmi veţi răspunde, „el va veni din cer pe noi!" Dar dacă aţi vedea o figură umană venind pe nori, aţi crede că este reală? Nu aţi crede că este vreo hologramă sau că aţi înnebunit? Şi acum, dacă vă voi reaminti ce a spus Isus cu privire la cer (sau rai)? Că cerul este în interiorul dumneavoastră (Luca 17:21)? Ce veţi spune?

Isus nu vorbeşte despre o a doua venire în carne şi oase, adică revenirea omului sau persoanei Isus, ci a doua venire în carnea şi oasele dumneavoastră. Astfel încât „acolo unde *Eu sunt*, să fiţi şi voi". Vreau să vă întreb, doamnelor şi domnilor, dumneavoastră nu *sunteţi acum*?

A părăsi lumea înseamnă a părăsi vechile credinţe, tradiţii și dogme. A le lăsa în urmă, a nu le mai căra după dumneavoastră. Ni se spune că oricine vine la Isus şi nu urăşte pe tatăl său, pe mama sa, pe soţia sa, pe copii, pe fraţi, surori, ba chiar mai mult, cine nu îşi urăşte propria viată nu poate fi ucenicul lui Cristos. De ce? Cum poate să ni se ceară aşa ceva, mai ales de la Dumnezeu? Familia noastră și - aş dori să adaug - prietenii noştri reprezintă lumea exterioară, vechea noastră viaţă și vechile noastre căi. Familiarităţile noastre ne pot ţine în loc, nu însăşi existenţa lor, ci faptul că ne agăţăm de ele. Refuzul nostru de a *vedea* adevărul (de a ne uita la adevăr) din cauza fricii de necunoscut, din cauza fricii de a fi judecaţi. Cristos spune în Luca 14:

33 Tot aşa, oricine dintre voi care nu se leapădă de tot ce are nu poate fi ucenicul Meu.

34 Sarea este bună, dar, dacă sarea îşi pierde gustul ei de sare, prin ce i se va da înapoi gustul acesta?

35 Atunci nu mai este bună nici pentru pământ, nici pentru gunoi, ci este aruncată afară. Cine are urechi de auzit să audă."

Tot ceea ce dumneavoastră aveţi sunt concepte, standarde false cu privire la ceea ce contează şi cu privire la ceea ce este adevărat. Trebuie să vă debarasaţi de ele, daţi-le drumul! Îndoctrinarea pe care am suferit-o este ca şi sarea care şi-a pierdut gustul. Pentru că acele cunoştinţe de care noi ne ţinem cu dinţii, sunt cunoştinţe expirate. Ele şi-au făcut treaba atunci când a trebuit, acum doar vă încurcă. Daţi-le drumul!

Adevărul nu poate fi formalizat în vreun sistem, nu poate fi pus în cuvinte, nu poate fi făcut lege. Când avem impresia că-l știm, suntem făcuți orbi și nu-l mai vedem pentru că spunem „Uite-o aici!" și „Uite-o acolo!". Adevărul este raiul. Adevărul este salvarea. Adevărul este viața. Adevărul este conștiență. Adevărul nu este particularul. Cunoștința nu poate fi decât despre particular, deoarece cunoștința este limitată. Adevărul, deși nu este particularul, cuprinde tot ce este particular.

Cum poate degetul meu să știe cine sunt eu? Și totuși eu știu că degetul meu este eu.

Cum poate omul să-l cunoască pe Dumnezeu? Și totuși Dumnezeu știe că omul este El.

Scriind această secțiune, mă găsesc în imposibilitatea de a vă da o rețetă pentru a vă trezi. Eu nu am făcut nimic în acest sens, însă îmi amintesc că atunci când s-a întâmplat, toate interesele personale, toate ambițiile pentru un succes în ochii altora s-au lăsat de mine fără vreun efort, fără vreun fast, lăsându-mă ușor și liber și mulțumitor. Nu am făcut nimic pentru aceasta, doar am descoperit că toate acele dorințe artificial construite, pe care destul de des le numim „nevoi", au dispărut. Ele s-au descotorosit de mine, eu nu am reușit vreodată să mă scap de ele, oricât de mult aș fi încercat, pentru că eu eram dorințele mele. Toate obiceiurile și gândurile mele distructive pur și simplu m-au părăsit și nu le-am dus dorul nici măcar un pic de atunci.

Poate vă gândiți că sună absolut îngrozitor ce v-am descris mai sus. Poate că tremurați la gândul că v-ați putea pierde toate ambițiile și dorințele de a realiza ceva. Nu am să vă mint, este destul de înfricoșător și derutant la început, însă doar pentru că toată viața ați trăit în afara dumneavoastră. Toată viața, dumneavoastră ați fost slujba dumneavoastră, statutul dumneavoastră, visurile dumneavoastră, iar acum vă descoperiți în mod conștient pentru prima dată. Și nu sunteți o chestie. Nu sunteți un lucru palpabil, ci sunteți gol, lipsit de vreo formă sau definiție. Acest lucru vă înspăimântă pentru că nu mai aveți de ce să vă agățați; nicio idee, niciun gând, niciun pământ ferm pe care să călcați, nicio identitate pe care să vi-o însușiți.

Întâmpinați acesta cu mare bucurie și fiți dispus să stați în mijlocul acestui spațiu nedefinit. Pentru că, deși nu este palpabil, este cel mai bogat deoarece conține tot palpabilul, deși lipsit de formă, este cel mai variat deoarece dă formă tuturor lucrurilor, deși nemișcat, este cel mai viu deoarece dă viață tuturor lucrurilor. Acest spațiu este împărăția cerurilor, este adevărul, este viața, acest spațiu este Cristos.

Responsabilitatea noastră

Singura noastră responsabilitate este să ne iubim unii pe alții. Să iubiți pe celălalt așa cu vă iubiți pe dumneavoastră. Să iubiți pe celălalt pentru că celălalt este dumneavoastră. Aceasta este singura poruncă pe care am primit-o (1 Ioan 3) și, în același timp, singura poruncă pe care nu o putem respecta vreodată. Iubirea nu poate fi o acțiune de-a noastră, iubirea nu poate fi o facere. Iubirea este... a fi iubire.

Este foarte dificil să mai vorbești despre iubire în ziua de azi pentru că termenul „iubire" este folosit atât de des și atât de ușor încât și-a pierdut însemnătatea pentru noi. El (termenul „iubire") nu mai arată înspre noi înșine, ci arată către lucruri exterioare, către obiecte: relații, lucruri, oameni, acte de caritate, etc., niciuna dintre ele fiind rele sau negative în esență. Noi am ajuns să credem că în lucruri exterioare zace iubirea, de aceea credem că prin achiziția lor, achiziționăm și iubirea.

Problema de bază este că atunci când căutăm iubirea în exteriorul nostru, îi trecem cu vederea omniprezența. Trecem cu vederea peste faptul că suntem conectați ei. Pierdem din vedere faptul că iubirea stă la baza a tot ceea ce este, mai mult, este baza a tot ceea ce este. Credem că noi trebuie să facem ceva ca s-o facem să apară, din nimic, cu alte cuvinte, că trebuie *noi* să consumăm energie ca s-o „facem". Să *facem* iubirea. Cum altcumva poate ea fi? Dacă noi nu o facem să fie?

Acesta este modul în care tratăm lucrurile când ne aflăm în starea noastră „normală" de conștientă. Ne uităm în jur și tot ce vedem este, cum pot profita de pe..., cum îmi poate fi de folos..., cum pot schimba... Ținem cu îndârjire să ne uităm la ceea ce este greșit (în percepția noastră), la minusuri, pentru că acest lucru ne ține mergând pe calea către țelul nostru de o importanţă discutabilă. Acum, a ne opri pentru un moment este ceva total neacceptabil! Gândul că s-ar putea opri pentru un moment face oamenii să se simtă extrem de inconfortabili şi anxioşi, deoarece sunt în pericolul de a afla că totul este bine, totul este ok. Cum ar fi dacă ar descoperi deodată că nu este nimic de făcut pentru a îmbunătăţi nimic de pe lumea aceasta pentru că totul este deja minunat şi perfect? Păi, asta ar fi absolut groaznic! Unde ar mai fi ei fără nesfârşita lor zbatere şi alergare? Fără alergarea obsesivă, fără *facerea* lor continuă, s-ar trezi dintr-o dată că identitatea le piere, pentru că, în mare parte, ei se definesc prin ceea ce fac.

Lucruri - chestii pe care le adunăm, mizerii - sunt doar o încercare de-a noastră de a înlocui iubirea. A ne opri pentru un moment este foarte periculos pentru că, în claritatea păcii, liniştii şi mulţumirii interioare - care nu sunt altceva decât simptome ale faptului că nu mai suntem într-o continuă alergare de a obţine - vedem că nu ne lipseşte nimic. Vedem că nu ne trebuie nimic, că totul este deja obţinut şi realizat. Nu puteţi apuca decât lucruri limitate, însă atunci când încetaţi a mai apuca, totul este la îndemâna dumneavoastră. Acolo este iubirea, iubirea este aici, iubirea este de negăsit, pentru că iubirea este tot.

Iubirea vorbeşte despre unitatea dumneavoastră cu tot. Iar conştienţa faptului că sunteţi una cu tot este ceea ce vă dă abilitatea de a iubi. Cu alte cuvinte, a fi iubire este ceea ce vă face să puteţi iubi. Doar iubirea poate iubi. Persoanele nu iubesc. Persoanele vor, au nevoie, persoanelor le pasă pentru că au făcut o investiţie în acel lucru sau fiinţă de care le pasă. Persoanele au cerinţe şi persoanele au frică. Dar persoanele, nu iubesc. Persoanele sunt poveşti, regrete, vise, dezamăgiri, obiceiuri... Cum poate o combinație de lucruri de genul să iubească?

Dacă aveți impresia că dumneavoastră iubiți, atunci când simțiți iubirea, chiar dacă pentru o singură clipă, o distrugeți, deoarece credeți că dumneavoastră trebuie să o susțineți. Acest lucru vă aduce înapoi în zbaterea despre care vă vorbeam mai înainte, iar această zbatere o va ascunde. În acest fel, iubirea care am fost, se transformă în posesivitate, gelozie, lipsuri, frică, până și ură. Dacă asta răspândiți, atunci asta sunteți. Asta vă oferiți, și așa vă vedeți.

În mod sigur, îmi veți spune că trebuie să fie ceva ce poate fi făcut pentru frații noștri. Dacă ar fi fost o asemenea listă, acțiunile dumneavoastră ar lăsa de dorit, ori din cauza interpretării greșite ori din cauza implementării greșite, sau amândouă. Oricând mesaje de felul acesta sunt puse în cuvinte, aproape sigur că or să apară și interpretări greșite. Lăsați-vă iubirea să vă ghideze în ceea ce trebuie să faceți, în modul în care să ajutați. Iubirea nu poate fi greșită și nici nu poate acționa greșit. Însă, instrucțiunile pot fi înțelese greșit, procedurile pot fi implementate în mod greșit. Așadar nu cereți rețete, ci mai degrabă căutați iubirea.

CAPITOLUL 8
Uniune

Fii întreg!

Fii întreg, așa cum Tatăl tău ceresc este întreg. Asta spune Isus în Matei 5:48. În traducerea lui Cornilescu, în loc de cuvântul „întreg" este folosit cuvântul „desăvârșit", care înseamnă „perfect". Însă nu se referă la „perfect" așa cum înțelegem noi sensul cuvântului. „Perfect" pentru noi înseamnă a fi în deplină conformitate cu un anumit standard. Desigur acest standard, ca și oricare altul, va fi unul social alcătuit și instaurat. Dar caractere și atributele privite ca valoroase de societate sunt cel puțin discutabile. Astăzi, a fi perfect înseamnă a fi un om de succes, a avansa într-o companie multinațională, a avea o mașină bengoasă (scuzați expresia, dar mi se pare cel mai potrivit adjectiv aici), preferabil un BMW. Acum câteva secole, a fi perfect însemna a nu susține relații sexuale înainte de căsătorie.

În latină, însă, cuvântul „perfectio" (cuvânt care este și folosit în Matei 5:48, versiunea în Latină) înseamnă „deplinătate", „întregime" (sau „întreg"), „unitate" (sau „unicitate"), starea de a fi complet, în armonie cu sine.

Deci, la ce se refera Isus. Nu-i ici de mirare că mulți nu-l plăceau, îl disprețuiau chiar, și doreau să-l omoare! Cum poți fi întreg, adică unic? Dacă Dumnezeu e întreg și unic? Cum are nesimțirea , el, Isus, fiul tâmplarului din sat, să spună că cineva poate fi ca Dumnezeu!? Și cum de are tupeul să și insinueze că știe cum este Dumnezeu!? Isus a înțeles perfect relația sa și a tuturor ființelor și lucrurilor, de altfel (distincția este redundantă și lipsită de sens), cu Dumnezeu; cea de *unitate*. Știa că el însuși nu era diferit de Dumnezeu și că la fel sta treaba și cu cei din jurul lui. De aceea le-a spus „Fii ca Dumnezeu!", pentru că știa că dacă el era, și ceilalți puteau fi.

A fi ca Dumnezeu nu înseamnă să vă schimbați, să vă mulați caracterul în așa fel încât să semene imaginii pe care o aveți despre divinitate, pentru că acest lucru este un *idol*. Mai mult, orice imagine ați avea cu privire la Dumnezeu întrebați-vă, cum poate ea fi Dumnezeu? Când spuneți că Dumnezeu este infinit, deasupra a tot, creatorul a tot ce există, cum vă și puteți închipui că o minte limitată, cum este a noastră, îl poate conține? Există un singur mod de a-l cunoaște pe Dumnezeu - pregătiți-vă pietrele că urmează să vă spun - și acela nu este cu ajutorul minții. Așa că lăsați toate definițiile, imaginile și conceptele pe care le aveți pentru că singurul lor scop este de a vă ține blocați în deficiențe, concentrați pe lipsuri.

Singurul mod de a-l cunoaște pe Dumnezeu este așa cum Isus l-a cunoscut. Fiind Dumnezeu în mod deplin, acceptându-vă adevărata identitatea, în mod deplin. Gata? Ați aruncat cu pietrele? Poate că de data aceasta pietrele dumneavoastră vor fi niște insulte sau batjocori... Vedeți cât de adânc înrădăcinate sunt credințele (convingerile) dumneavoastră cu privire la viață și chiar cu privire la dumneavoastră înșivă?

Dar Isus nu s-a oprit aici, ci a spus-o și mai explicit în Ioan 10:

34 ... „Nu este scris în Legea voastră: 'Eu am zis: Sunteți dumnezei'?

35 Dacă Legea a numit dumnezei pe aceia cărora le-a vorbit Cuvântul lui Dumnezeu, și Scriptura nu poate fi desființată,

36 cum ziceți voi că hulesc Eu, pe care Tatăl M-a sfințit și M-a trimis în lume? Și aceasta, pentru că am zis: 'Sunt fiu al lui Dumnezeu!'

Nu-mi amintesc să se fi predicat foarte mult pe pasajul acesta... Acest subiect tinde să fie abortat cu un grad înalt de prudență pentru că ne e frică de erezie- și pe foarte bună dreptate - deoarece am făcut structurile bisericii extrem de rigide. Poate unii vor încerca să ne distragă atenția de la la cuvintele lui Isus, explicându-le în felul următor: Isus a fost singurul fiu al lui Dumnezeu, iar prin sacrificiul său, noi putem fi *aproape* ca și el (dar niciodată ca el pe deplin), pentru că am fost doar răscumpărați în ochii tatălui. Cu alte cuvinte, suntem copii adoptivi, el nu este tatăl nostru adevărat, ci creatorul nostru, stăpânul nostru. Cum să avem tupeul să ne gândim că am putea fi născuți din Dumnezeu? Însă, dacă Dumnezeu este întreg, infinit, atotcuprinzător, unde este locul acela în care Dumnezeu nu este?

Creștinii susțin că Isus este autoritatea lor. Eu vă întreb, cum poate fi una ca asta, când își rezervă impertinența de a-i interpreta cuvintele astfel încât să se potrivească propriilor proiecții și credințe? Ei înșiși, sau mai degrabă, ceea ce ei numesc biserica decide când cuvintele lui Isus trebuie luate literal și când trebuie luate metaforic. Ei decid ce însemnătate au cuvintele lui. Atunci, se mai pot ei numi discipoli ai lui Isus?

Ceea ce dumneavoastră numiți evanghelia, vestea cea bună, este orice altceva decât o veste bună. Interpretarea dumneavoastră jalnică v-a făcut mizerabili în proprii ochi și v-a condamnat la moarte eternă, chiar de aici de pe pământ. Vă este frică să trăiți, vă cereți scuze pentru propria existență, pentru spațiul pe care îl ocupați pentru că încontinuu vă comparați cu o imagine idealizată a omului, cu o serie de trăsături nenaturale, artificial construite, pe care nu le veți putea vreodată imita cu succes. L-ați pus pe Isus pe un piedestal, pe el care a spus atât de clar şi cu multe ocazii că toţi suntem fii ai lui Dumnezeu. L-aţi înstrăinat, compartimentalizat, i-aţi pus o coroană pe cap cu forţa şi l-aţi făcut supra-om, astfel eliberându-vă de responsabilitatea şi, în acelaşi timp, imensa bucurie de a fi Dumnezeu împreună cu el.

„Fii întreg, aşa cum Tatăl tău este întreg" nu este o poruncă. Niciun fel de întreprindere ar putea vreodată să vă facă întreg. Asta este foarte important de înţeles, chiar crucial. Evanghelia nu este o impunere, o obligaţie asupra dumneavoastră. Nu este o cerinţă de a fi diferit de cum sunteţi. Cum aţi putea dumneavoastră, care v-aţi făcut separat de Dumnezeu, pe care îl consideraţi a fi perfecţiune, să fiţi ca el prin simplul dumneavoastră efort? Nu ar lăsa şi efortul dumneavoastră de dorit?

V-aţi creat o ideologie autodistructivă, v-aţi făcut săpat propria groapă şi v-aţi pregătit propria cădere. Şi este extrem de uşor să rămâneţi acolo. Este foarte uşor să vă victimizaţi şi văicăriţi încontinuu, aşteptând să fiţi salvaţi de vreo putere externă... uşor, însă nu plăcut. Din fericire, nu este deloc plăcut! Pentru ca măcar aşa, suferind, să ajungem într-o stare de investigare sinceră.

În prima scrisoare a lui Pavel către Corinteni, capitolul 12, ni se spune:

12 Căci, după cum trupul este unul şi are multe mădulare şi după cum toate mădularele trupului, măcar că sunt mai multe, sunt un singur trup, tot aşa este şi Hristos.

13 Noi toţi, în adevăr, am fost botezaţi de un singur Duh, ca să alcătuim un singur trup, fie iudei, fie greci, fie robi, fie slobozi, şi toţi am fost adăpaţi dintr-un singur Duh.

14 Astfel, trupul nu este un singur mădular, ci mai multe.

15 Dacă piciorul ar zice: „Fiindcă nu sunt mână, nu sunt din trup", nu este pentru aceasta din trup?

16 Şi dacă urechea ar zice: „Fiindcă nu sunt ochi, nu sunt din trup", nu este pentru aceasta din trup?

17 Dacă tot trupul ar fi ochi, unde ar fi auzul? Dacă totul ar fi auz, unde ar fi mirosul?

18 Acum dar, Dumnezeu a pus mădularele în trup, pe fiecare aşa cum a voit El.

19 Dacă toate ar fi un singur mădular, unde ar fi trupul?

20 Fapt este că sunt mai multe mădulare, dar un singur trup.

21 Ochiul nu poate zice mâinii: „N-am trebuinţă de tine"; nici capul nu poate zice picioarelor: „N-am trebuinţă de voi."

22 Ba mai mult, mădularele trupului care par mai slabe sunt de neapărată trebuinţă.

23 Şi părţile trupului care par vrednice de mai puţină cinste le îmbrăcăm cu mai multă podoabă. Aşa că părţile mai puţin frumoase ale trupului nostru capătă mai multă frumuseţe,

24 pe când cele frumoase n-au nevoie să fie împodobite. Dumnezeu a întocmit trupul în aşa fel ca să dea mai multă cinste mădularelor lipsite de cinste,

25 pentru ca să nu fie nicio dezbinare în trup, ci mădularele să îngrijească deopotrivă unele de altele.

26 Şi dacă suferă un mădular, toate mădularele suferă împreună cu el; dacă este preţuit un mădular, toate mădularele se bucură împreună cu el.

27 Voi sunteţi trupul lui Hristos şi fiecare, în parte, mădularele lui.

Ce spunem despre asta? Ce mai putem spune atunci când totul este explicat atât de clar? Dumneavoastră irosiţi timp şi energie extrem de prețioase încercând să vă faceți demni. Credeți că nu sunteți deoarece vă comparați mereu cu fiece standard, cu fiece persoană și cu fiece sfânt. Isus nu a fost creștinul perfect, de ce să ne mințim, el nu a fost nici măcar evreul perfect, dar știți ce? El nici nu intenționa să fie. El a fost el însuși pe deplin și a știut că este complet.

Evanghelia este că dumneavoastră sunteți deja complet. Dumneavoastră sunteți deja Dumnezeu și, în același timp, parte unică, integrală și de neînlocuit din Dumnezeu. Încetați orice fel de comparație cu altcineva, pentru că nu există niciun mod în care să efectuați o comparație validă. Este vederea mai importantă decât abilitatea de a umbla? Cum poate piciorul să vadă sau ochiul să vă plimbe? Poate mâna să mănânce fără gură? Poate ascetul să-și practice pustnicia fără existența bețivului? Totul, *așa cum este*, este deja trupul lui Cristos. Degetele sunt degete complete (perfecte), părul este păr complet, așa cum fiecare om este complet în sine.

Aceasta este adevărata însemnătate a cuvântului „sfânt" („desăvârșit")... un om sfânt este un om complet, un om care este el în mod complet, pe deplin, liber pe deplin să-și săvârșească rolul pe acest pământ, să fie expresia vie a unicității sale. „Sfânt" nu înseamnă „bisericos".

Nu este nimic ce trebuie făcut. Pe deasupra, dacă Dumnezeu este cel ce v-a creat, cum puteți fi diferit de el? Culeg oamenii struguri din spini sau smochine din mărăcini?

Așadar, știind lucrurile acestea, cum ni se va schimba modul de raportare la cei din jurul nostru? Cum îi vom trata când știm că ei nu sunt doar ca și dumneavoastră, ci ei sunt chiar dumneavoastră și sunt Dumnezeu?

Vederea adevărată

În Matei 13 citim cum Isus vorbea în pilde mulțimilor adunate la malul mării ca să îl asculte. Prima pildă care se relatează este una dintre cele mai cunoscute, cea a semănătorului. Prin această pildă, Isus comunică faptul că adevărul este disponibil tuturor fără excepție, însă, atunci când este transmis, doar unor foarte puțini oameni le va cădea adânc în inimă. De ce oare?

Lumea în care noi trăim în mod obișnuit și cel mai mult este o lume a abstracțiilor, un tărâm al conceptelor. Aici domnește confuzia. Prea des și prea ușor ne agățăm de cuvinte și, astfel, ajungem să ne pierdem în ele. Acest lucru sufocă adevărata cunoaștere - faptul că ne agățăm de cuvinte, concepte, idei, principii... Ne lăsăm amăgiți, induși în eroare de vociferările altor oameni, și chiar de ale noastre. Suntem îngreunați de convingeri conflictuale. Suntem atât de ușor amețiți de una și de alta încât ne este imposibil să mai deosebim grâul de neghină. Și după cum Isus ne-a atras atenția, unii nici nu vor ajunge vreodată să le poată distinge. Însă aceasta nu este din cauză că e imposibil să o facă, doar că, în adâncimea confuziei lor, ajung să ia ca adevăr absolut ceea ce le este mai familiar.

Ce ne dă senzația de familiaritate? Repetiția, desigur. Regulile și viziunea asupra vieții pe care părinții noștri ne-au inoculat-o încă de la naștere, natura relației lor (dar nu vă limitați aici, gândiți-vă și la influența educatorilor, prietenilor, etc.)... toate acestea sunt cunoștințe din trecut, iar cunoștințele trecute sunt cunoștințe expirate. Nu ne mai sunt de folos.

Atât timp cât vor exista credințe, idei, concepte, opinii pe care le întrețineți și de care țineți cu mare drag, nu veți trăi în adevăr; spinii lor îl vor îneca. Atât timp cât veți căuta acceptarea și aprobarea celor din jur, fie ei prietenii dumneavoastră, părinții, iubiții, Ion de peste drum, oricine ar fi, nu veți trăi în adevăr; păsările îl vor mânca. Atât timp cât veți încerca să formalizați adevărul, altfel spus, să îl puneți în cuvinte și apoi să-l scrieți pe tăblițe de piatră, nu veți trăi în adevăr; pentru că sămânța adevărului va fi căzut pe un loc stâncos și, în lipsa pământului, soarele o va mistui.

Sămânța adevărului, vestea cea bună, chiar dacă accesibilă multora, va crește și va da rod doar dintr-un pământ bun; un pământ care nu a fost călcat de mulțimi, un pământ care a fost curățat de buruieni și pietre. Adevărul necesită un nou început. Necesită să ne debarasăm de conceptele noastre mentale despre ceea ce e bine și rău.

Dar cum putem ajunge să ne purificăm în așa măsură? Cum poate cineva să realizeze un asemenea lucru când ni s-a spus clar și răspicat, în nenumărate rânduri, că nu putem face nimic pentru a ne salva viața? Isus ne amintește în a doua pildă, cea a grâului și a neghinei, că nu este lucrul mâinii noastre, nu este de datoria noastră să înfăptuim propria noastră salvare. Nici nu are rost, ba mai mult, este chiar nefavorabilă orice încercare de a ne *face* mai buni. Deoarece, cum am putea să distingem ce trebuie și ce nu trebuie îndepărtat, când vederea noastră nu este încă limpede? În încercarea de a smulge neghina, am smulge și spicele de grâu. Cum poate cel impur să se facă pur? Se poate ca acțiunea pură, corectă să pornească din cel impur? Se poate ca vederea clară să vină de la cel cu deficiențe de vedere?

Cristos continuă zicând că a auzi adevărul este de ajuns. Nu trebuie să mai facem nimic în afară de a ne face disponibili adevărului și de a avea încredere în el. Aveți încredere că el va creşte în dumneavoastră, iar atunci când vederea lui este coaptă, lumina vederii lui va separa fără vreo dificultate buruienile de grâu. Aceasta este Ziua Judecăţii despre care vorbea Isus, ziua în care adevărul se va manifesta şi când claritatea va pătrunde în vieţile noastre. Aceasta este ziua în care toate falsurile cad şi doar adevărul rămâne. Încrederea este crucială, şi cu toate acestea, nu puteţi *face* (fabrica) încrederea. Încrederea este adevărata credinţă, nu doar o convingere oarbă, sau supunerea grijulie unei dogme obositoare.

Adevărul este cea mai mică dintre seminţe, însă creşte într-un copac măreţ. Mai poate fi el atunci ameninţat de ceva atât de mic şi de neajutorat ca neghina? Adevărul este transmis în cel mai smerit limbaj, are prea puţină valoare informaţională şi cu toate acestea, stă la însăşi baza vieţii. Deci nu vă aşteptaţi să găsiţi adevărul în cuvinte. Adevărul va folosi cuvinte, însă nu este ascuns în ele. Isus explică ucenicilor săi că, dacă ar fi pus adevărul în cuvinte mai simple, oamenii ar fi înţeles şi mai puţin. Cine nu înţelege pildele, nu ar înţelege nici o exprimare mai directă. Adevărul nu poate fi înţeles cu mintea, ci se dezvăluie în mod intuitiv. Nu le-a amintit Isus mulţimilor adunate că ei sunt Dumnezei? Cei ce l-au înţeles atunci nu a mai trebuit să vină să-l vadă. Dintre cei ce nu l-au înţeles, unii au fost de-a dreptul revoltaţi, adâncindu-se astfel şi mai mult în căile lor. Alţii au simţit în mod intuitiv validitatea cuvintelor lui şi i-au devenit adepţi, chiar dacă nu au înţeles pe deplin.

În Luca 11 ni se spune:

33 Nimeni n-aprinde o lumină ca s-o pună într-un loc ascuns sau sub baniţă, ci o pune într-un sfeşnic, pentru ca cei ce intră să vadă lumina.

34 Ochiul este lumina trupului tău. Dacă ochiul tău este sănătos *(întreg, vederea ta este unificată)*, tot trupul tău este plin de lumină, dar, dacă ochiul tău este rău *(nesănătos, vederea ta este divizată)*, trupul tău este plin de întuneric.

35 Ia seama, dar, ca lumina care este în tine să nu fie întuneric.

36 Aşa că, dacă tot trupul tău este plin de lumină, fără să aibă vreo parte întunecată, va fi în totul plin de lumină, întocmai ca atunci când te-ar lumina o lampă cu lumina ei mare."

Această lumină despre care vorbeşte Isus este adevărata vedere. Această vedere curăţeşte orice impuritate *fără efort*, la fel cum lumina alungă întunericul prin simpla sa prezenţă. Elimină orice fel de înţelegere greşită şi falsitate. Adevărata vedere purifică nu numai pe cel ce vede, ci purifică tot ceea ce este văzut, întreaga existenţă, pentru că permite ca lumea să fie văzută în desăvârşirea ei.

Acum, însă, Cristos nu ne spune că acesta este finalul. Ce? Adică adevărata vedere, care este raiul, care este Împărăţia lui Dumnezeu, nu este ţelul final?

Cine aprinde o lumânare ca s-o pună într-un loc ascuns?

Sfârșitul timpului

„Și pe drum, propovăduiți și ziceți: 'Împărăția cerurilor este aproape!'" Acesta este mesajul de bază al lui Isus. Nu, „respectați regulile aceastea, sau e vai de voi..." Este un mesaj bun, un mesaj fericit și favorabil. Este menit să încurajeze oamenii și să le ofere speranță, nu să inoculeze frica și anxietatea în ei. Acest mesaj spune, „Hei, oameni, bucurați-vă, cel mai bun lucru din univers este la îndemâna voastră!", nu „Căiți-vă acum, fiți cu capul plecat, cerșiți iertare chiar dacă nu o faceți cu sinceritate, pentru că dacă nu veți face asta, va veni Ziua Judecății și veți arde în focurile iadului cu toții!" Doamne, ce a pus stăpânire pe noi să-i dăm o asemenea interpretare evangheliei? La ce și în ce mod ne este de folos? Cristos nici nu a vorbit despre iad, nu i-a dat niciun fel de importanță diavolului. De ce, atunci, îi luăm cuvintele, le dăm altă însemnătate și le transformăm într-un țel pentru un viitor îndepărtat?

Concepția noastră compună este că Isus a descris un scenariu apocaliptic atunci când a vorbit despre sfârșitul timpurilor (sau sfârșitul lumii). Ne imaginăm creaturi înaripate cu formă umană coborând din cer, cărând săbii în mâini și omorând pe „cei răi", foc picând din cer, distrugând tot ceea ce mână de om a creat. Și ca acestea sunt multe alte viziuni poetice... Cei morți vor ieși din morminte pentru ultima Judecată, unde soarta lor eternă este decisă. În funcție de ce anume? De faptele lor? Nu spunea Cristos că nu ne putem răscumpăra prin propriile noastre eforturi?

Deci, pe scurt, întâi tot ce a existat vreodată pe pământ va fi distrus împreună cu tot universul, apoi are loc ultima judecată, apoi vine eternitatea. Mai e destul timp până atunci, așa-i?

Isus a vorbit în pilde de nenumărate ori, deci de ce nu luați și acest sfârșit apocaliptic al lumii ca fiind una dintre pilde? Foarte simplu, pentru că luând-o literalmente putem câștiga timp pentru noi. Poate că nu este foarte clar, dar haideți să vedem cum funcționează treaba asta. Spunem:

„Împărăția Cerului este destul de departe. Da, Isus a spus că este aproape, dar asta pentru că el este fiul lui Dumnezeu și cu toții știm că pentru Dumnezeu o mie de ani este ca o zi. Așa că este cel mai probabil că nu se va întâmpla cât timp trăim noi. Deci, dacă suntem cuminți în această viață, sau măcar ne cerem scuze, poate că ne vor fi iertate scăpările și primim viață veșnică după ce murim."

Ha, viață veșnică în viitor! Așadar, în acest fel ne dăm undă verde să continuăm să trăim în felul nostru mizerabil cu care suntem atât de obișnuiți. Pentru că nu putem face nimic acum.

Dar stai puțin! Există o afirmație pe care Isus a făcut-o și despre care încă nu am auzit vorbindu-se, pentru că, presupun, nimeni nu o înțelege. Nu se potrivește deloc cu ideile pe care majoritatea oamenilor le au, așa că o ignoră, ca nu cumva, pentru Dumnezeu, să se considere câtuși de puțin responsabili pentru propria lor viață. În Luca 9:27 este scris că Isus vorbea cu ucenicii săi zicându-le, „Adevărat vă spun, că sunt unii din cei ce stau aici care nu vor gusta moartea până nu vor vedea Împărăția lui Dumnezeu." Un adevăr? Ăsta? Nu... Am prefera să luăm formularea lui Matei în capitolul 16, versetul 28 unde zice, „Adevărat vă spun că unii din cei ce stau aici nu vor gusta moartea până nu vor vedea pe Fiul omului venind în Împărăția Sa." Așa da! Asta e mult mai bine, pe asta o putem interpreta cum vrem noi! Putem spune, că ceea ce voia Isus să spună este că unii dintre oamenii adunați acolo îl vor vedea când se va înălța la cer după înviere. Însă, venirea lui Isus în Împărăția Sa este vederea noastră a Împărăției lui Dumnezeu. Este a fi în cer, în viața aceasta; a fi în lume dar nu din lume.

Venirea lui Cristos în Împărăția Sa este manifestarea cerului în noi. Este apariția adevăratei vederi, a Conștienței Cristice. Isus știa că dacă i s-a întâmplat lui, se poate întâmpla oricui. Cum îndrăznesc să spun așa ceva? Pentru că atunci când Isus a fost întrebat de unul dintre farisei, în Luca 17:20-21, când va veni Împărăția Cerului, el a răspuns că nu va veni așa încât să poată fi percepută. Oare de ce? Pentru că nu este un lucru! Nu este un loc! Nu vei putea spune uite-o aici, uite-o acolo, pentru că Împărăția Cerului este înlăuntrul nostru, al tuturor. Asta înseamnă că este *deja* aici, dar nu suntem conștienți de ea. Isus ne dă aici și o avertizare: Nu urmăriți și nu ascultați pe nimeni care vă îndreaptă în orice direcție exterioară dumneavoastră în căutarea cerului. Aceștia sunt niște amăgitori.

Așadar, ce ne mai rămâne de făcut? Când căutăm Împărăția Cerului în viața viitoare, în viitor, nu este asta o căutare în exteriorul nostru? Nu spune lucru aceasta „Împărăția lui Dumnezeu este acolo", adică în afară?

Sfârșitul timpului este sfârșitul căutării false. Este recunoașterea a ceea ce este *deja aici*.

Ne-am obișnuit cu așteptarea. Mereu așteptăm cutare sau cutare lucru sau eveniment; următorul concediu, absolvirea copiilor noștri, ziua în care ne permitem să ne cumpărăm acel lucru care cu siguranță ne va face fericiți. Faptul că ne așteptăm să găsim fericirea și împlinirea mereu în viitor, ne ține blocați până când nu mai credem că avem vreun viitor. Apoi, ne uităm către viața viitoare. Facem provizii, adunăm credit pentru ea atunci când vedem că nu ne mai putem aştepta la multe de la trupurile noastre. Şi astfel, ne găsim un nou mod de a amâna descoperirea adevărului desăvârşirii noastre.

Oamenii au crezut întotdeauna că grupul lor, în mod exclusiv, este în posesia adevărului; că ei au să fie cei salvaţi când sfârşitul vine. Oamenii cred că faptele lor, apartenenţa la un anumit grup, mersul la biserică îi vor salva. Adevărata biserică, adevăratul trup al lui Cristos, nu este o clădire şi <u>nu</u> este o adunătură de adepţi ai lui Cristos. Adevărata biserică este o adunătură de *Cristoşi*. „Cristos" vine greaca veche („khristos") şi este o traducere a cuvântului ebraic mesia („mashiah"), care înseamnă „alesul" sau „unsul". „Cristos" nu este o persoană istorică, ci este un titlu. Isus a venit ca să ne *aleagă* pe toţi să fim desăvârşiţi, întregi împreună cu el, la fel cum Tatăl nostru este întreg.

Sfârşitul lumii, este sfârşitul lumii *noastre*. Este sfârşitul proiecţiilor noastre şi începutul vederii noastre adevărate în Cristos. Sfârşitul timpului, este sfârşitul timpului *nostru* ca nişte umile creaturi limitate care trebuie să se zbată neîncetat în viaţa pe care o au cu speranţa că, după moarte, vom fi salvaţi. Nicidecum.

Raiul este *etern*. Raiul este *aici*, înlăuntrul tău. Eternitatea este *acum*. Petreceţi eternitatea în cer!

Postfață

Ne aflăm în fața unei cărți care spulberă orice orizont de așteptare, orice preconcepție, mai ales dacă plecăm de la titlu.

În niciun caz nu ne aflăm în fața unui text scris sistematic, în care adevărul, sub forma concluziilor, să fie rezultatul vreunei cercetări îndelungate și al unei bibliografii consistente. Cu alte cuvinte, cartea nu este un eseu științific. Nici unul teologic - fragmentele din textul biblic, adesea citate, pot induce în eroare. Nu este nici eseu politic, nici psihologic, nici literar. Este mărturisirea unei *experiențe*. Tocmai de aceea cuvintele și ideile se repetă, iar textul pare, pe alocuri, să alunece pe lângă un sens consistent, în loc să-l instituie.

O lectură atentă însă, debarasată ea însăși de prejudecăți (culturale, teologice, intelectuale), descoperă, astfel, în această carte, mărturisirea unui crez. Reformulând celebra zicere a lui Noica: *Totul pleacă, în om, de la întrebare*, cartea ne spune că totul, în om, începe cu o experiență fundamentală.

Născut pe fondul unor revelații și a unor trăiri personale autentice, scrisul exprimă privirea proaspătă, neformatată de înțelegerea altuia. Resortul său e sinceritatea și curiozitatea, dorința pură de a afla adevărul care e întotdeauna adevărul *nostru*, adică o experiență: „Adevărul despre viață *este*. Nu este o informație." El nu se confundă cu deținerea unei enciclopedii mentale sau intelectuale, de aici necesitatea de a abandona aflarea lui la acest nivel.

Astfel, titlul trebuie recitit din perspectiva sensurilor recuperate din lectură a celor două cuvinte. *Credința* e asimilată aici cu sensul oarecum dogmatic, al adevărului acceptat de-a gata și netrecut prin filtrul personal. Orice cunoaștere realizată între granițele acestei acceptări pasive „limitează grav infinita potenţialitate a vieţii noastre". Pe de altă parte, *încrederea* „vine odată cu înţelegerea, cunoaşterea propriei naturi" şi se naşte în noi ca înţelepciune, care n-are nimic de-a face cu conţinutul mental dobândit de-a gata. Experienţa adevărului e altceva decât „dobândirea unor informaţii corecte despre lume".

Încrederea ţine de capacitatea noastră de a ne raporta la realitate, nu la cuvinte. Autorul constată ruptura dureroasă dintre realitate şi semn pe care o trăieşte omul contemporan: „cuvintele...nu sunt realitatea" pentru că ele ajung să însemne ceea ce „societatea spune că înseamnă". De aici trista constatare că „am ajuns să vorbim despre cuvinte în loc să vorbim despre lume... Am confundat viaţa cu o mână de simboluri." Una dintre explicaţiile posibile ale stării de confuzie în care trăim ar fi, aşadar, lipsa de acces la realitate.

Situat pe o *insulă* din care sfidează lumea conceptelor pentru a găsi realitatea, autorul provoacă şabloanele şi prejudecăţile, *schela realităţii* noastre, pentru a ieşi *din sfera de confort* şi a propune, în loc, o prospeţime a privirii care să recupereze miracolul existenţei.

Textul însuşi e un exerciţiu în care asistăm la demontarea mecanismelor gata-făcute prin care omul se raportează la univers, îndemnând cititorul să procedeze în mod similar. Astfel, destrămarea *credinţei* nu vizează o atitudine religioasă, ci una existenţială, în sensul în care am putea privi drept dogmatic orice adevăr, orice concept preluat ca atare şi în patternul căruia îmbrăcăm realitatea ca într-o cămaşă de forţă.

Pe de altă parte, cartea este o invitaţie la *încredere*: aceea că suntem desăvârşiţi, compleţi, întregi, doar că, pentru a ne accepta adevărata identitate, trebuie să ne putem *trezi* din armătura prefabricată a conceptelor învăţate de-a gata. Un exercițiu de luciditate obligatoriu, pentru că *adevărul necesită un nou început*. Abia când vederea noastră devine limpede, putem intui că adevărul e, întreg, înlăuntrul nostru.

La rândul său, actul lecturii nu mai este un proces prin care, în mintea cititorului, adevărul se construiește în urma unor demonstrații logice și concluzii abil formulate, ci unul în care adevărul se naște, spontan, ca experiență, nu ca dat mental. De aici lipsa de pretenții (sinceră, nu mască a unei false modestii) a celui care scrie: „aceleași cuvinte vor fi citite de oameni total diferiți și vor rezona într-un mod total diferit în fiecare dintre ei." Descoperirea adevărului e un act personal, care nu poate fi condiționat de nimic dinafara individului: „aceeași frază poate ca unei persoane să-i deschidă ochii, alteia să-i adâncească deruta". Astfel, scrisul și lectura au în comun faptul de a fi exerciții de luciditate. Ele nu sunt posibile decât pe fondul unei libertăți care presupune renunțarea curajoasă la zona de confort construită în noi de prejudecățile mentale de orice fel (culturale, științifice, religioase).

Astfel, pronumele de persoana a doua plural utilizat in text nu e expresia unei rostiri superioare, profetice, ci un îndemn care se naște din bucuria de a isca și în ființa celorlalți o *experiență* și o *trăire*: „vă este frică să trăiți, vă cereți scuze pentru propria existență...".

Avem, în cartea de față, un îndemn la autenticitate, la eliberarea de *frica de libertate* (ca să folosim sintagma lui Erich Fromm). Cu siguranță gândurile exprimate aici au mai fi fost gândite. Putem să afirmăm despre multe dintre ideile enunțate că nu au fost la o primă gândire și formulare a lor. Dar actul curat și sincer al *lămuririi* personale, iscat dintr-o curiozitate la fel de sinceră de a înțelege lumea, e mai important decât accesarea unui adevăr asimilat în enciclopedia personală fără să fi fost trecut prin filtrul cugetului nostru. Privirea uimită a unui copil care aude și învață un lucru pentru întâia oară, curiozitatea lui sinceră de a afla și eterna uimire în fața acelorași întrebări, nu cântăresc oare mai greu decât explicațiile profesorului care deja cunoaște acel lucru pe dinafară? E justificarea absolută pentru care această postfață a fost scrisă.

Cartea e o frumoasă pledoarie în acest sens. Condiționările culturale sunt o falsă formă de apărare, de aceea putem renunța la ele fără teama că ne vom pierde:

„Ați văzut vreodată un copac panicându-se la începutul toamnei? Țipând și urlând în încercarea deșartă de a-și păstra frunzele? ... Așadar, nu plângeți după frunzele pierdute și permiteți-vă să dați noi roade.”

dr. Janina Flueraș

Despre autor

Natan Morar s-a născut în România. Și-a luat doctoratul în Ingineria Sistemelor și licența în inginerie de la Universitatea din Birmingham, Marea Britanie. De când a învățat să scrie, a văzut-o ca pe o putere foarte mistică și magică. A început să scrie poezie încă din școala primară. Această dragoste pentru poezie s-a metamorfozat mai târziu în pasiunea sa pentru muzica rap. În liceu a descoperit filosofia, iar în timpul doctoratului, cărțile de spiritualitate și dezvoltare personală au avut un impact major în viața sa. Îi place să-și petreacă timpul contemplând natura vieții, scopul, divinitatea și împărtășind descoperirile sale.